主 编　胥佳明　冯誉超
副主编　王 超　徐野男

向海而行

全国青少年高校科学营

大连海事大学分营科普成果集

大连海事大学出版社

图书在版编目（CIP）数据

向海而行：全国青少年高校科学营大连海事大学分营科普成果集／胥佳明，冯誉超主编. — 大连：大连海事大学出版社，2021.10

ISBN 978-7-5632-4187-3

Ⅰ. ①向… Ⅱ. ①胥… ②冯… Ⅲ. 大学生—科学技术—课外活动—成果—汇编—中国 Ⅳ. ①G644

中国版本图书馆 CIP 数据核字（2021）第 187730 号

大连海事大学出版社出版

地址：大连市凌海路1号　邮编：116026　电话：0411-84728394　传真：0411-84727996

http://press.dlmu.edu.cn　E-mail：dmupress@dlmu.edu.cn

大连金华光彩色印刷有限公司印装　　　**大连海事大学出版社发行**

2021 年 10 月第 1 版　　　　　　　　2021 年 10 月第 1 次印刷

幅面尺寸：170 mm×230 mm　　　　　　　　　　印张：10

字数：159 千　　　　　　　　　　　　　印数：1~500 册

出版人：刘明凯

责任编辑：刘若实　　　　　　　　　　　责任校对：刘长影

封面设计：张爱妮　　　　　　　　　　　版式设计：张爱妮

ISBN 978-7-5632-4187-3　　定价：50.00 元

编 委 会

序言

    2016 年,全国隆重召开"科技三会"(全国科技创新大会、两院院士大会、中国科协第九次全国代表大会),习近平总书记在大会上强调,"科技创新、科学普及是实现创新发展的两翼,要把科学普及放在与科技创新同等重要的位置"。这一讲话深刻诠释了科普与科研两者之间相辅相成的辩证关系,也为作为人才智库的高校如何开展科普活动提供了理论支撑,并提出了明确要求。

    向海而生,为梦而来。在美丽的渤海之畔,就有这样一所为助力交通强国和海洋强国战略积极开展科普教育活动的高等航海学府——大连海事大学。在110 多年悠久的办学历程中,大连海事大学始终以鲜明的航运特色闻名于世,享有"航海家的摇篮"的美誉。在世界各大港口往来穿梭的远洋船舶上,在为航运事业奉献青春、贡献力量的船长、轮机长等航运人才中,总能找寻到大连海事大学校友的身影。

    以梦为舸,育鲲成鹏。自承办青少年高校科学营活动以来,在中国科学技术协会、辽宁科学技术协会的大力支持下,在各地中学以及广大家长和小营员们的信任下,大连海事大学的承办工作连续七年都取得了令人满意的成绩。

    大连海事大学党委落实立德树人的根本任务,深入对照德、智、体、美、劳全面发展的人才培养体系,创新提出集情商、智商、体商、技商于一体的"四商"培养体系。党有号召,团有行动。大连海事大学团委在习近平新时代中国特色社会主义思想的真理光芒指引下积极开展各项工作,科学营便是其中一道美丽的风景线。历年来,科学营活动通过将思政课堂和实践育人融入丰富多彩的科学营活动,将思政引导和育人理念融入各项工作,以良好的育人成效回答好"培养什么人"这一时代教育之问。

作为教育工作者,我们常常在想,如何让更多的学生在这类活动中有所收获?为此,我们努力回归科学营的本质。科学营属于青少年夏令营活动中的一类,起源于美国。1861年,美国教师肯恩(Frederick W. Gunn)率领孩童进行为期两周的户外活动,并坚持了十二年之久,这就是教育界著名的"肯恩营队"。当今,教育界普遍认为该类主题营队活动,是学生接受素质教育的有效渠道,能够让学生通过亲身参与来培养团队协作精神和激发学习兴趣。大连海事大学将重点围绕爱国、励志、求真、力行四个方面,在活动组织和教育方式上进行优化,通过开展学生喜闻乐见的科技实践活动,带给小营员们一个异彩纷呈的夏天。

大连海事大学在总结前七年活动经验的基础上,特编撰《向海而行》一书,意为在学校党委的教育和引领下,新时代海大青年和科学营营员在筑梦深蓝的育人氛围下不断学习、不断成长、不断前行,努力成为祖国交通运输事业的合格建设者和可靠接班人,为海洋强国梦和交通强国梦贡献青春力量。全书在继承历年普及航运特色教育的基础上,以科技创新和科学普及为目的,重点围绕爱国、励志、求真、力行等四个篇章,主要收纳了近七年科学营活动组织与教育方式上的优秀经验、名师大家的育人理念、学生喜闻乐见的科技实践活动和海大青年的志愿风采,希望与读者共同回味创作经历,品读作品内容,分享青春感悟,从而使得青春正能量向更深处、更广处传播,为建设交通强国和海洋强国,实现"两个一百年"奋斗目标培养更多、更优秀的合格建设者和可靠接班人。

本书由胥佳明、冯誉超担任主编,王超(共青团大连海事大学委员会)、徐野男担任副主编。其中,彭纾闵、熊婧贻、刘磊、赵玉书参与科学营的筹备组织,李凯、路浩、张肃、张悦悦、刘威江、杜雨珊、慕涛、于杰、蒋娇、郑哲、李竖斌、王超[大连海事大学继续教育学院(交通运输高级研修学院)]分别以学院为基础积极开展特色活动,为本书积累了重要的原始资料;李浩、卞欣可参与了本书的编写工作。

编　者

2021年8月

目录

求真篇——瀚海鲲鹏,鹏飞九天

力行篇——瀚海凌风,风扬云帆

爱国篇

—— 瀚海初心，心有深蓝

"对每一个中国人来说，爱国是本分，也是职责，是心之所系、情之所归。对新时代中国青年来说，热爱祖国是立身之本、成才之基。"

——习近平总书记在纪念五四运动100周年大会上的讲话（2019年）

"爱国，不能停留在口号上，而是要把自己的理想同祖国的前途、把自己的人生同民族的命运紧密联系在一起，扎根人民，奉献国家。"

——习近平总书记在北京大学师生座谈会上的讲话（2018年）

爱国主义是中华民族精神的核心，是中华民族团结奋斗、自强不息的精神纽带。党的十八大之后，习近平总书记提出要进一步关心海洋、认识海洋、经略海洋。大连海事大学结合弘扬和践行社会主义核心价值观，以青少年高校科学营为载体，以海洋文化教育为特色，在广大青少年中开展深入、持久、生动的爱国主义宣传教育，让爱国主义精神在广大青少年心中牢牢扎根，让热爱海洋引领新时代青少年的风潮，引导青少年培养爱国之情、砥砺强国之志、实践报国之行。

厚植家国情怀
——大连海事大学分营举行升旗仪式

起床的号角清亮悠远，海大升旗队的步伐整齐坚定。伴随着雄壮的国歌，五星红旗冉冉升起。升旗仪式，犹如大连海事大学半军事管理的一面旗帜，展现了海大人坚强的意志品质和严谨的组织纪律意识。早上6点30分，伴着第一缕阳光，大连海事大学分营全体营员在东山综合楼前举行隆重的升旗仪式。

营员们望着飘扬的国旗，更加坚定了努力学习科学文化知识，为祖国科学事业发展贡献力量的信念。直观的爱国主义教育，引导营员把自己的"科学梦"和伟大的"中国梦"相结合，树立崇高的科学理想。

升国旗仪式是大连海事大学传统的爱国主义教育活动。英姿飒爽的国旗护卫队步伐坚定地走向升旗位置，伴随着雄壮嘹亮的国歌，五星红旗冉冉升起，营员们向国旗行注目礼，整齐的列队与坚定的目光透露着营员们心中无限的爱国热情和民族自豪感。

营员们参加升旗仪式

大学时节——曲建武老师谈大学之道与科技创新

为了更好地让营员们加深对大学的认识,理解大学与社会、国家的关系,大连海事大学马克思主义学院教授、全国"时代楷模"曲建武为大连海事大学分营的营员们做"大学时节"专题讲座,与营员们畅谈大学之道与科技创新。

曲建武教授为营员们做讲座

曲建武教授以大学的由来开篇,巧妙地结合时下大学里存在的热点问题,为营员们讲述了大学存在的重要意义和深远影响。随后,曲建武教授结合自身的大学经历鼓励青少年朋友们在大学时节修德行、立志向、学本领:修"崇真、厚德、明辨、乐群、责任、刚毅、向善、好学、践行、慎独、健体"之德行;立"服务社会、服务祖国"之志向;学"科技创新、求真务实"之本领。

科技创新对于国家前途和民族希望至关重要，希望青少年朋友们勇于攀登科学高峰，用真才实学为中华民族伟大复兴的中国梦贡献力量。

国家与海洋——孙建平教授系列专题讲座

为了丰富营员们的海洋战略知识，大连海事大学航运文化研究中心主任孙建平为全体营员做"国家与海洋"系列专题讲座。

在"走向海洋"主题中，孙建平以习近平总书记提出的"深海蕴藏着地球上认知和开发的宝藏"引出讲座的主题。随后，从两方面着手进行讲解：一方面是名词意义上的走向，即道路决定命运；另一方面是动词意义上的走向，即走向共和与走向复兴。

在"透视海洋战略主题"中，孙建平教授从海洋战略的内涵、海洋战略在国家发展战略中的地位、日本海洋战略三个方面逐步展开，向营员们介绍何为海洋战略以及海洋战略在国家发展中的重要作用。"自世界大事变迁，国力之盛衰强弱，常在海而不在陆，其海上权利优胜者，其国力常占优胜"，他引用孙中山先生的话，强调国民海洋意识的重要性。通过日本海洋战略的发展，告诉营员们要站在海洋角度看疆域问题，将十八大提出的海洋强国牢牢记在心里，通过知识学习和技能储备，在海洋强国路上发挥自己的作用，实现"少年智则国智，少年强则国强"的伟大理想。

在"甲午启示录：中国梦、海洋梦、强国梦"主题讲座中，孙建平教授结合时下热点问题，引用古诗词、文学著作，融入历史故事，从"做国民""做海梦""强国梦"三个方面，对比甲午战争体现出的中日国民意识，结合新时代海洋强国建设，告诫营员们青少年的国民意识事关国家未来兴衰，他强调，走向海洋是民族振兴、国家富强的必由之路，建设海洋强国是实现中国梦的必然选择。

孙建平教授的系列讲座风趣幽默，营员们听得津津有味，并积极互动，讲座现场笑声连连，多次响起热烈的掌声。孙建平教授认为，教育有三个阶段，"授人以鱼""授人以渔""渔人"，他引导广大营员增强海洋意识，努力成为拥有海洋精神的"渔人"，常怀赤子之心，为中华之崛起而读书。

大连海事大学航运文化研究中心主任孙建平教授做讲座

　　"如果以大陆的眼光去审视海洋，那么无论多大的海洋都只是大陆的水系而已；如果以海洋的眼光去审视陆地，那么多大的陆地都仅仅是一个岛屿。"大陆坚实的金黄与海洋无际的深蓝结合出经久不息的生命之绿，中国的未来在青少年的手中，世界的未来在青少年的手中，青少年应为和平美好而奋起努力。走向海洋是真正让精神和心灵走向海洋，只有精神和心灵上走向海洋，才能真正发展海洋文化，传承海洋精神。希望青少年朋友们好好学习，为祖国发展和海洋建设贡献自己的力量。

光辉与曲折——中国人走向海洋的步伐专题讲座

　　大连海事大学航海历史与文化研究中心主任、博士生导师孙光圻教授为全体营员做"光辉与曲折——中国人走向海洋的步伐"专题讲座。孙光圻教授讲解了中国航海史的基本沿革，阐述了几千年来中华民族"辉煌与屈辱并存"的海洋之路，无论是历史上的统治者们"重土轻海"，还是近代海上崛起的列强泛波而来，海权的衰弱使华夏历史屡屡蒙受耻辱。

　　讲座中，孙教授始终强调海洋对于一个国家的重要性，随着中国航母的首次试航，我们构建"海洋强国"的梦想不再是遥不可及。孙教授用大量事实证明，只有建设"和谐海洋"，做到"主权属我"，中国才能成为真正意义上的世界海洋强国。

孙光圻教授做专题讲座

依海而生，互联互通
——海上丝绸之路的历史解读主题报告

为了更加深入地让营员们了解海上丝绸之路的历史演进，领略蓝色海洋文化的魅力，海洋出版社编审刘义杰老师为全体营员做"依海而生，互联互通——海上丝绸之路的历史解读"主题报告。

刘义杰老师详细介绍古代丝绸之路

刘义杰教授用简短的语言概述了古代海上丝绸之路，以"郑和下西洋"为例，梳理了东洋与西洋的区域范围，带领营员们走进那段历史；以航海罗盘、福船两个古代海上丝绸之路的技术保障为切入点，为营员们展示古代航海图——山形水势图、同时期的西方航海图以及根据地域而选用的广船、福船、沙船三大船型；以清晰的时间脉络和逻辑线索阐释中西互联互通的外在表现，不论是行船中由番火长传授的阿拉伯天文导航术——过洋牵星术，还是渗透在日常生活里的点点滴滴，诸如番薯、番茄、番瓜以及广受西方赞誉的丝绸、瓷器和茶叶等,这些都是中西古代互联互通的有力证明。

刘义杰教授的讲座内容兼具理论与实践,贯通历史与现实,为在场的科学营师生讲述了两千多年前古代丝绸之路上那段别样的历史。

图文并茂地介绍航海知识

营员认真听讲并做记录

向海而行，无问西东
——扬帆海上丝绸之路主题报告

云帆高涨，昼夜星驰，以梦为舸，向海而行。古老船队的风帆落下太久，人们已经忘记了大海的模样。六百年后，他眺望先辈的方向，直挂云帆，向西方出发，从东方归航。他就是中国单人无动力帆船环球航海第一人、CCTV"感动中国"年度人物翟墨。翟墨为全体营员做"向海而行，无问西东——扬帆海上丝绸之路"主题报告。

翟墨主题报告现场

翟墨回忆在航海历程中的种种奇遇时说："一位挪威航海家对我说，他航海大半辈子，从没有碰到过中国人。这句话激起了我的航海冲动。""2015重走海上丝绸之路"启航仪式结束后，翟墨驾上帆船，亲手挂上五星红旗，鲜艳的国旗迎着海风飘扬，他带领着中国航海界各地方船队，以探访古代海上丝绸之路为主线，在沿线国家举行大量的经济文化交流活动。翟墨用他充满传奇的航海经历和幽默的语言感染了在场的所有营员。

在报告的后半部分,翟墨与营员们进行了互动。大家最关心的问题莫过于翟墨先生为何如此喜爱孤帆远航。

"大海拥有两极之美——风平浪静和波涛汹涌,一个人虽然孤独,但静下来面对自然的时候,无论是视觉还是精神都是一种平静、不再浮躁的状态。"翟墨这样总结喜爱孤帆远航的原因。

翟墨与营员们互动

"天是蓝的,海靠近赤道呈现藏蓝色,帆饱满地打开。"营员们在航海家翟墨先生的报告中,领略搏击风浪的气魄,体验航海科技的力量,感悟丝路精神的魅力。

"亚丁湾护航船船长与你漫话航海技术"专题讲座

为了更好地向营员们普及航海科学知识，传播蓝色海洋文化，大连海事大学航海学院朱金善教授携手全体营员一起"漫话航海技术"，共同走进航海家的世界。

"知航海情、识航海人、筑航海梦"，朱金善教授通过对中外航运史的简要阐述、中外著名航海家的事迹介绍以及航运事业在国民经济中的地位分析，让营员们对于航海文化有了初步认识。朱教授讲述自己的 10 年海上生活经历，从各地的风土人情到海上的狂风巨浪，营员们真切地体味到了船员生活中的酸甜苦辣，对于历代航海英雄们探索海洋、经略海洋的敬仰之情油然而生。朱金善教授对"无人船"的合作研发——船舶未来的发展趋势寄予了很高的期望，鼓励青少年朋友们投身航运事业，继往开来，肩负起海洋文明传承延续和开拓创新的重要使命。

朱金善教授做讲座

"我国在国际海事组织中的话语权还很弱,我国船员综合素质亟待提高,我们离航海强国的距离还很遥远!"朱教授对航运事业发展的满腔热忱、对青少年寄予的殷切希望深深打动了现场的每一位营员。通过这场"漫话航海技术"的讲座,营员们对放眼四海的广博胸怀、勇立潮头的冒险精神、战风斗浪的拼搏精神、放手一搏的神勇气概和永不放弃的顽强意志有了全新的理解和认识。

"中国载人深潜——'蛟龙'号的研制与应用"
专题讲座

　　自 2002 年"蛟龙"号作为国家高技术研究发展计划专项启动至今，"蛟龙"号已取得骄人成果，其工作团队也荣获"2011 年感动中国"等多个奖项。在科学营大连海事大学分营活动中，全体营员参加了"蛟龙"号副总设计师胡震带来的"中国载人深潜——'蛟龙'号的研制与应用"专题讲座。作为"蛟龙"号副总设计师，胡震研究员从科学视角向科学营营员们展示了"蛟龙"号的研究工作。

　　胡震主要向营员们介绍了"蛟龙号"的研制背景、概况、技术特点、海上实验和海上应用五个方面，在讲述"蛟龙号"的海洋环境、潜水器的分类与特点以及潜水器的发展历史等基础知识之外，还着重向营员们介绍了海上实验的流程和应用的成果。

胡震做专题讲座

在讲座中,胡震穿插大量科学原理和海洋知识的讲解,展示"蛟龙"号的丰富研究成果。在播放"蛟龙"号下潜 7 000 米摄制录像时,全场营员肃然起敬、连连称赞,他为营员们展示了实地拍摄的丰富多彩的深海图片、奇妙的深海环境、稀有的海洋生物,深受营员们的喜爱。胡震研究员丰富的工作经验、深厚的学术积累、昂扬的事业激情,给在场营员们留下了深刻的印象。

极地雪龙之旅——极地科考专家王建忠讲座

中国极地科考船"雪龙"号船长、大连海事大学校友王建忠为全体营员带来"极地雪龙之旅"专题讲座。王建忠船长以幽默的语言、翔实的资料和丰富的图片为营员们展示"雪龙号"极地科考船和南北极的自然环境，回顾国际极地的考察历史及考察活动，重点介绍我国极地科考事业的发展和南北极科学研究的主要成果，阐述了南北极考察与研究的重要意义。

王建忠船长鼓励营员们树立远大人生理想，为祖国的发展奉献青春和热情。互动环节中，他耐心解答营员们的问题，为营员们加深对"雪龙"号和极地考察的了解。

中国极地科考船"雪龙"号船长、校友王建忠做讲座

北斗引领青春航向——最美科技工作者讲座

浩瀚无穷的星空中,有一组星辰叫作北斗七星,它能够帮助我们辨别方向。如今,除了星空中的北斗七星,我国自行研发的北斗导航系统也能为我们指引方向。1995 年,我国正式启动北斗卫星导航系统的研究建设工作,蔚保国就是最早投身其中的核心骨干。中国电科首席专家、最美科技工作者蔚保国老师为营员们做了"北斗引领青春航向"专题讲座。

蔚保国老师为营员们做讲座

蔚保国老师从北斗引领青春航向、导航技术发展史、北斗导航创业之路、导航发展趋势与展望、科研历程感悟与寄语五方面带领营员们走进北斗导航系统的奇妙世界。蔚老师为营员们解释北斗和青春航向的含义,讲解北斗创业、北斗灯塔和北斗精神,向营员们展示卫星导航系统的信号接收原理、定位原理、系统组成、发展和应用。他还用生动形象的语言为营员们讲解北斗导航的起源、创业之路、"三步走"发展战略和典型应用。

蔚保国老师通过引用习近平总书记在两院院士大会上的讲话，强调科学技术的重要作用，与营员们分享在北斗科技创新之路的体会感悟，希望青少年朋友们立志投身科学技术事业，勇攀科学高峰。他对科技工作的热爱与坚持深深地打动着每一位营员。营员们在蔚老师的带领下，体验科技创新之路，领略科技创新之美，感受科技创新之乐趣，树立投身科技事业之志向。

"航运科技进步与航运经济发展"专题讲座

大连海事大学世界经济研究所所长刘斌教授为科学营全体营员做题为"航运科技进步与航运经济发展"的专题讲座。刘斌教授纵观我国航海事业的发展历史,向营员们详细阐述航海科技的发展进步对我国交通运输事业发展起到的巨大推动作用。

刘斌教授结合我国航运科技进步发展的历史与现状为营员们做了一场别开生面的讲座,鼓励营员们努力学习科学知识,引导广大营员增强海洋意识,把海洋强国梦常放心中,常怀赤子之心,为中华之崛起而读书。讲座结束后,礼堂里响起了持久而热烈的掌声。

大连海事大学刘斌教授做讲座

励志篇

—— 瀚海筑梦，梦缘海大

"不论是成就自己的人生理想，还是担当时代的神圣使命，青年都要珍惜韶华、不负青春，努力学习掌握科学知识，提高内在素质，锤炼过硬本领，使自己的思维视野、思想观念、认识水平跟上越来越快的时代发展。"

"新时代中国青年要勇做走在时代前列的奋进者、开拓者、奉献者，毫不畏惧面对一切艰难险阻，在劈波斩浪中开拓前进，在披荆斩棘中开辟天地，在攻坚克难中创造业绩，用青春和汗水创造出让世界刮目相看的新奇迹！"

——习近平总书记在纪念五四运动100周年大会上的讲话（2019年）

强国使命呼唤青春担当。青年在新时代，面对新的奋斗目标，要做坚定者、奋进者、搏击者；面对蓝色大海，一批又一批有志之士满怀理想信念，投身广阔天地。从乘风破浪的船长、轮机长到呼唤生命奇迹的救助打捞专家，从驾驶无动力帆船环球航行的挑战者到追求卓越的一位位科学家、院士，他们像一盏盏灯塔，在平凡的岗位上照亮新时代的奋斗故事，向无数后来者展示矢志奋斗的磅礴力量。青春由磨砺而出彩，人生因奋斗而升华。青少年科学营的朋友们将在这里以海筑梦，走近蔚蓝海洋、走近科学知识、走近大学生活、走进新的篇章。

"与船长、轮机长面对面"专题讲座现场

"中国人是非常聪明的,要相信自己定会有所作为,中国的明天因为有你们这样一群年轻人而会更加美好。"大连海事大学航海学院教授、船长朱金善老师以及轮机工程学院教授、高级轮机长李世臣老师与全体营员进行面对面交流。

船长朱金善从中外航海史讲到具体船舶种类,用图片直观解读航线设计、船舶操作、船舶避碰和船舶货运等专业知识,并与营员们分享自己如何克服晕船的经历,讲述航海人的情结与梦想,动情之处,朱金善老师说:"我若有个儿子,我一定会让他到海上去当船员。"

"与船长、轮机长面对面"专题讲座现场

轮机长李世臣针对大型船舶机舱和船舶最先进主机、海上核能向营员们进行了介绍,分享工作的所见所闻。营员们对巴拿马运河上的"船上山"非常好奇,对与美国"尼米兹"号航母的偶遇更是连连惊叹。在一次海上遇险中,李世臣老师面

临前后两个台风夹击和船舶主机故障的紧急情况,同船的外国船员表示修理需要三个小时,而他查看故障之后,初步判断只需要十分钟便可修复,最终只用六分钟排除故障,船舶安全穿越台风区。这一经历让全体营员惊叹不已。

在互动交流中,两位老师细致地回答了营员们的提问,加深了营员们对航运业科学前沿及发展现状的了解,激发了营员们对探秘海洋的向往。

呼唤生命奇迹——救捞专家解析
"世越"号沉船和马航失联事件

当韩国"世越"号沉船事件发生在自己身上时该如何自救？马航失联客机MH370搜救的最新进展如何？为揭开救助与打捞这一特色专业的神秘面纱，我校救助与打捞专业负责人、救捞专家弓永军教授和海上求生专家、高级船长刘锦程老师与营员们进行了座谈，还特别邀请两位营员作为特别观察员，针对访谈中的困惑随时向两位专家提问。

访谈以观看电影《泰坦尼克号》沉船片段开场，刘锦程老师从海上求生的专业角度，结合韩国"世越"号沉船事件，介绍船舶救生设备的使用和发生海难时的自救方法。他告诫营员，熟悉船舶环境和逃生路线是登船后的重中之重；当需要弃船时，尽可能多穿衣服，并穿好救生衣等待救援。活动还特意准备了两套救生衣，让两位营员在老师的指导下完成穿戴示范。

刘锦程指导营员穿戴救生衣

解析"世越"号沉船和马航失联事件

马航失联客机至今未被找到，弓永军教授正是本次搜救任务的技术顾问。谈起救捞，弓教授与现场营员互动，让营员们思考如何打捞在海底沉睡八百多年的南宋古沉船"南海1号"，营员们各抒己见，侃侃而谈。在互动环节中，针对营员们关心的海上安全问题，两位专家指出，海难事故的发生概率是很低的，即使发生，船上

25

向海而行

不仅有应急部署表等应急预案，还有专业的救援力量。

营员们纷纷表示，原来海上运输并不那么可怕。从"可怕"到"不可怕"，营员们认识了真实的海洋运输，了解了救捞技术，体会到了科学技术的重要性。

与梦想同行——同高民一起驾船环游世界

66000 海里，4 次经过赤道，横跨 3 大洋，用 24 个月走访了 36 个国家和地区，第 4 位驾驶无动力帆船挑战环球航行的中国人，他就是好旺角房屋创始人、大连海事大学 1991 级校友——高民。他回到母校，为大连海事大学分营的营员们做了"与梦想同行"专题讲座，讲述他的环球之旅。

大连海事大学 1991 级校友高民船长做专题讲座

美食美景，畅游世界。巴巴多斯湛蓝的海滩、牙买加的高山与蓝山咖啡、基里巴斯圣诞岛的守望者、马尔维纳斯群岛的企鹅、开曼群岛燥热的游客、荷兰鹿特丹人的幽默、阿拉斯加山下可口的蓝莓、富饶太平洋上肥美的海鲜……在高民的讲述中，营员们仿佛身临其境，每多一分对大海的了解，他们就多一份对航海的渴望。现场气氛热烈，掌声不断，笑声连连。

历经艰辛，挑战极限。船行韩国至俄罗斯途中遭遇台风困扰、鄂霍次克海遇到低气压及大浪、前往合恩角途中被邻国拒签而无法登陆……营员们在他的故事里感受到成功背后数不尽的努力和心血。

　　"你的梦想,也许很难,但也很幸福。"高民说。要实现梦想,就要有克服困难的决心和坚韧不拔的毅力。高民那份对海洋的热爱、对梦想的执着、对理想的坚持深深打动了现场的每一位营员。

"从我的成长经历谈
科技创新人才培养" 专题讲座

"我与院士面对面"活动特邀中国科学院沙国河院士带来"从我的成长经历谈科技创新人才培养"专题讲座。

沙国河院士在大连市设立了中国第一个院士科普工作站，与其夫人余道容每周定期指导青少年科学实验，致力于为下一代普及科技知识、培育科学创新能力工作。讲座过程中，沙国河院士讲述了他在科学梦想的指引下，不断探索和突破，为中国科技发展做出贡献的故事。

沙国河院士讲座

在谈到取得科研成果的成功秘诀时，沙国河院士提到，"最重要的是要有锲而不舍、勇攀高峰的精神。既不因小有成就而满足，也不因异常现象的困惑而罢休"。沙国河院士鼓励营员们树立远大人生理想,为祖国的科技发展奉献青春和热情。通过本场讲座,营员们领略了大师之道,感受了科学魅力。

"追求卓越——我的实验科学研究生涯"专题讲座

中国科学院大连化学物理研究所研究员、著名物理化学家杨学明院士为全体营员带来"追求卓越——我的实验科学研究生涯"专题讲座。杨学明院士讲述了他在科学梦想的指引下，不断学习、探索、突破，为中国科技发展做出贡献的故事，引导营员们感悟院士成长进步的经历，学习科学家执着探索的精神。

杨学明院士讲座

讲座中，杨学明院士分享了自己对"兴趣"的理解，他认为兴趣是不断寻找的过程，而这也就是人生探求的过程。兴趣点的确立过程，也是人不断调整方向的过程。他对现场的同学们说："人要勇敢地追求自己想要的东西。人最终是会被淘汰的，就研究而言，我要做的就是延长自己的科学生涯。"

最后，杨学明院士鼓励营员们早日树立人生理想，在科学探究的道路上要不怕苦、不怕累，为中华民族的伟大复兴努力奋斗。

百年书香，拥抱深蓝——校园文化体验

　　校园文化体验是营员们提前感受大学文化魅力的窗口。漫步校园之间，这里的一草一木、一石一像、一楼一景的装饰和建造都向全体营员讲述着大海的故事和海大的文化。

营员们参观校园

　　"学汇百川，德济四海"校训石，展现了海大人虚怀若谷的品质和经邦济世的情怀；"仁、义、礼、智、信"等景观石字，默默昭示着立身做人的根本；校史展馆，展览的不仅是历史和文物，还是一种文化内涵，是求真务实、刻苦治学的精神，是踏实严谨、不慕浮华的品质。

　　这就是营员眼中的海大，一砖一瓦都是故事，一草一木皆有文化，每个元素都浸润着海大人的蓝色血脉。

育鲲成鹏，扬帆远航——参观"育鲲"轮

大连海事大学科学营全体师生参观了全世界最先进的专用远洋教学实习船之一——"育鲲"轮。

"育鲲"轮是大连海事大学投资建造的我国首艘自行开发设计、引进关键设备的专用航海教学实习船，在我国高等航海教育中具有里程碑式的意义。营员们通过观看"育鲲"轮的介绍影片，了解了"育鲲"轮的基本概况、建设过程、获得成就和

营员们参观"育鲲"轮

未来发展方向。在"育鲲"轮船员的带领下，营员们依次参观了驾驶台、甲板、实践教学室、船员宿舍、餐厅等活动场所，与海大教师、学生进行了学习交流，通过体验船上的真实工作生活场景，加深了对船舶知识和海上工作的认识。从控制舱、动力舱、机舱，到海图、雷达波浪检测仪，各类设备令人叹为观止。营员们还进入驾驶台直观感受船舶的构造和原理。

"育鲲"轮之行，不仅让营员们领略到先进的航海科学技术，感受到大连海事大学浓郁的海洋文化氛围，也激发了他们热爱海洋的蓝色情怀。

走进航海家的摇篮——参观校史展馆

为了让营员们更好地了解大连海事大学的历史和文化，在科学营生活中能更真切地感受海大的独特校园文化氛围，全体营员分批参观了学校校史展馆。

营员们从邮传部上海高等实业学堂的校门开启海大成长之旅，展馆中丰富的历史文物、特色展件完美呈现出学校的航海特色，琳琅满目的奖状展现出半军事化管理的累累硕果，囊括了我校在技能竞赛、社团发展、社会实践、艺术表演等方面的辉煌成就。

营员们参观海大展馆

在讲解员生动细致地讲解"育鲲"轮时，营员们纷纷表现出对参观"育鲲"轮的热切期待。当面对轮机模拟器时，营员们对其工作原理充满兴趣，满怀热情地向讲解员提出问题。全运会方队表演视频给营员们留下了深刻印象，营员们惊叹于学长们坚定有力的步伐、整齐划一的队形变化，想亲自参加到大连海事大学特色的半军事化管理中。营员们态度端正，认真地聆听学习，既感叹海大百余年的发展史，更被浓厚的校园文化所吸引。

浪花与少年 ——海上求生技能表演

　　拥有海上求生技能是对一名船员的基本要求,也是船员面对海上险情时延长生存时间的必备技能。为展现学校的航海特色、开拓营员们的眼界,全体营员来到大连海事大学水上训练中心观看学校求生表演队的精彩演出。

　　队员们训练有素、动作熟练,分别表演了跳水、攀爬绳梯登上救援船舶、扶正救生筏以及救助落水人员等一系列水上救援求生项目。惊险刺激的动作让营员们连声惊叫又钦佩万分。整个表演过程中,营员们不时地为表演队成员发出阵阵喝彩。表演最后,四名队员跳入泳池并举牌,所有人呐喊出"学汇百川,德济四海"的校训,嘶吼出"苦练本领,报效祖国"的志向,全场沸腾,整个水上训练中心响起了经久不息的掌声。

水上求生技能表演

　　"为了这次科学营的活动,我们准备了很长时间,虽然过程很辛苦,但是能为大家表演我们感到很开心,也希望小营员们通过我们的表演能够认识到航海这个职业的艰苦与不易,更要看到它的崇高性与重要性,从而能使更多的人投身到航海事业中来。"轮机专业大三学生董烨这样说道。

智慧海大在身边——走进智慧校园研究中心

　　信息化海大一直是大连海事大学近年来校园建设的重点,现已成立智慧校园研究中心来推进相关工作。在志愿者的带领下,营员们参观了位于我校网络信息中心的智慧校园研究中心。中心老师为营员们展示了海大数字化管理研究的相关成果,并细心地为营员们讲解了海事大学门禁系统、水控系统、转账系统等一系列数字化操作系统的原理及操作方法。部分营员对其中一些系统的操作原理十分感兴趣,不时地向老师提出疑问,现场气氛十分热烈。

营员们参观智慧校园研究中心

有鹏来——读书沙龙活动

　　静谧的夜色下，读书沙龙活动在大连海事大学营员俱乐部开展。营员们在志愿者的组织及十位领读人的陪同下，就大连海事大学马克思主义学院教授曲建武编著的《大学时节》及其他书籍进行分享交流。

　　《大学时节》由曲建武教授编著，里面记录的内容是他对青少年提出的谆谆教诲，凝聚了他35年来在辅导员工作岗位上积累的经验与感悟，为开卷者指引了人生道路上的方向。

　　培根曾说："读书使人充实，讨论使人机智，作文使人准确。"希望通过开展"有鹏来"读书沙龙活动，让营员们交流并分享读书感想，更好地了解书籍中的精神指引，以文化底蕴浸润营员们的心灵。

志愿者向营员们分享图书并交流之一

志愿者向营员们分享图书并交流之二

鹏辈汇——优秀大学生经验分享

　　"鹏辈汇"是具有大连海事大学特色的精品交流活动,通过邀请优秀的学长、学姐向营员们分享大学经历,让营员们更亲密地接触优秀学生的大学生活。

　　业精于勤而荒于嬉。大连海事大学第27届学生会主席李杨首先向营员们介绍了大学中社团对于自己成长的重要作用。同时,李杨作为学校第20届研究生支教团成员,他向大家讲述了自己选择支教的心路历程,希望营员们能珍惜时间,把握机会,奋勇向前。

　　"纸上得来终觉浅,绝知此事要躬行。"优秀学生韩璐向大家分享了自己参加社会实践的点点滴滴。她用自己的事迹诠释了一个奉献自我、心系社会的当代大学生形象,深深地鼓舞了营员们。

鹏辈汇——优秀大学生经验分享活动现场之一

"路漫漫其修远兮,吾将上下而求索。"第三位优秀学生潘帅兵向营员们讲述了自己在科技创新道路上披荆斩棘的故事,并就如何平衡学习与科创之间的关系向营员们提出了宝贵建议。营员们认真记录,受益匪浅,一粒科技梦的种子也悄悄在营员们的心田生根发芽。

鹏辈汇——优秀大学生经验分享活动现场之二

鹏辈汇——优秀大学生经验分享活动现场之三

"随风潜入夜,润物细无声。"春雨助学爱心团队向营员们讲述了他们用春去春回的接力与不离不弃的深情为孩子们带去知识的故事。这一场"爱的马拉松"

感动了在场的所有营员,志愿服务的精神在每个人的心中熠熠生辉。

通过学长、学姐们在社团支教、社会实践、科技创新、志愿服务等四个方面进行的分享交流,每一个营员都更加坚定了内心的前进方向,更加确定了自己的奋斗目标。相信在今后的旅途中,他们一定会树立远大志向,掌握科学方法,在未来的大学生活中创造属于自己的辉煌。

携手启航，彩绘青春——手绘文化衫

青春因艺术而多彩，科学与美无法分割。在"携手启航，彩绘青春"手绘文化衫活动中，大连海事大学团委艺术教育中心赵玉书老师向营员们介绍了色彩以及彩绘的基本原理，营员们分组自由创作，用不同的画面描绘自己内心的海洋梦、科技梦。

青少年是明天，是希望，手绘活动为广大营员搭建自我展示的平台，引导青少年学生以奋发图强、昂扬向上的精神风貌，承担起建设祖国的责任。

营员亲手绘出心中的海洋梦

鹏自远方，不亦乐乎——团建系列活动

近日，大连海事大学体育馆内传来阵阵欢声笑语，每年科学营期间，"鹏自远方，不亦乐乎"团建系列活动都如期举行。大连海事大学大学生心理发展与服务中心带领全体营员开展破冰训练、校园定向运动、趣味知识竞赛等丰富多彩的活动，营员们齐聚一堂，共同参与多项素质拓展运动。

在破冰活动中，七名教练分别带领各自营员组成七队，展开了别样风趣的游戏活动。在"一块五角""指压板跳绳""坐地起身""分享"等各个环节中，营员们互相信任，齐心协力，体会在沟通协作中收获成长与友谊的快乐，大家围坐一圈，畅所欲言，相互分享在科学营的感想与体会，轻松的氛围拉近了彼此的距离，也使天南地北的同学们更好地融入科学营大家庭中。

活动现场　　　　　　　　　　　　　破冰行动合影

在定向运动中，营员们凭借标有若干序号和方向线的地图，开始自行选择前进路线，在海大校园内寻找各个活动点完成任务。定向运动设置了丰富有趣的游戏环节，如"唇唇欲动""鲤鱼跃龙门"等知识竞赛，在培养营员们独立思考、团结协作和决策能力的同时，更让大家在游戏的过程中增进了解、加深友谊。校园里处处能看到营员们奋力奔跑与认真完成任务的身影，营员们展示出来的不仅是智慧与热情，更是团队合作、协同创新、互助共赢的团队精神。

求真篇

—— 瀚海鲲鹏，鹏飞九天

"学习就必须求真学问，求真理、悟道理、明事理，不能满足于碎片化的信息、快餐化的知识。要通过学习知识，掌握事物发展规律，通晓天下道理，丰富学识，增长见识……建设社会主义现代化强国，发展是第一要务，创新是第一动力，人才是第一资源。希望广大青年珍惜大好学习时光，求真学问，练真本领，更好为国争光、为民造福。"

——习近平总书记在北京大学师生座谈会上的讲话（2018年）

坐而论道，不如起而行之。真学问、真本领是在实践中真金火炼的。成长没有捷径，唯有在学习与实践中，学真知、悟真谛，才能增长本领、增长才干。大连海事大学科学营每年精心设计特色营队活动，以喜闻乐见的知识载体、丰富多样的体验形式、求真创新的品牌活动为广大青少年搭建起学习的平台，引导正处于求学阶段的青少年与时俱进，培养其探求事物真相的科学精神，追求真理，学以致用，求得真学问，练就真本领，为新时代建设贡献青春力量。

2013 年——科技探索

翻开日程表,青少年高校科学营大连海事大学分营的志愿者们从早到晚都安排了各种参观和动手实验活动:参观大连海事大学大学生科技创新成果展、参观物理实验室、体验物理趣味演示实验、参观天象馆、参观国家级航海实验实训教学中心(航海模拟器、动力机舱等平时很少开放的重点实验室)。这些活动安排为营员们提供了深入了解我国前沿科技成果诞生的平台和机会。

老师指导营员们学习和体验科学实验设备

营员们不仅有机会参观科学实验室,还有机会亲自动手参与简单的科技活动。在物理老师的启发和帮助下,来自邢台市第一中学的同学,利用虹吸原理,用废旧塑料瓶和粗细不同的橡胶管,制作出了希罗喷泉;辽宁省实验中学辽滨分校的同学,利用三角形的稳定性原理,用废旧纸张制作了纸桥。这些作品虽然简单,却都运用了一定的科学原理,同学们不仅感受到学习的乐趣,还锻炼了动手能力。通过深入浅出的方式,为营员们敞开了一扇探索科学真理的大门,激发了营员们的科研兴趣。"原来科学并不只是在实验室里,科学就在自己身边,前沿科技也并没有想象中那么高深,都是为了解决现实生活中困扰我们的问题。"营员李伟华这样说道。

(一)创意无限,科技创新硕果丰

大连海事大学科学营全体营员参观了大连海事大学大学生科技创新成果展。展览内容包括 2012 年大连海事大学国家级、省级、校级大学生创新创业训练项目,大学生创新创意作品,"挑战杯"项目中的优秀成果。展览分为理科、工科、文科、实物四个展区。贴近生活实际的创意让营员们感受到科技创新无处不在,激发了营员们的创新热情。

认真参观大学生科技创新成果展

(二)趣味物理,深入浅出悟科学

全体营员来到物理实验室,亲身体验物理趣味实验。营员们参观了力学、热学、光学、电磁学和近代物理实验室,并亲自操作实验器材,更直观地理解了物理现象的基本原理。富有创意的"中国好实验"表演令所有营员印象深刻,红、黄、蓝、绿四个营员队伍分别在"牛顿""爱因斯坦""居里夫人""霍金"四位科学家队长的带领下,担任"中国好实验"表演的评委,观看六位参赛选手带来的科技发明展示,在互动中感受科学实验的魅力。活动为营员们展现了一个奇妙的物理世界,激发了他们探索科学真谛的热情。

营员们亲身体验物理趣味实验

（三）参观之旅，收获真知拓眼界

　　天象馆与国家级重点实验室（航海模拟器、动力机舱）的参观之旅让营员们大开眼界，机器轰鸣的机舱、逼真的模拟驾驶、充满想象力的外太空之游，使营员们感受到航海知识和船舶科技的魅力，提高了他们的科研热情。

在国家重点实验室感受航海知识和船舶科技的魅力

2014 年——少年航海家的一天

本次科学营的主题活动为"少年航海家的一天"。在这一天里,大家将通过角色体验培训的方式,以少年航海家的身份,去体验高级船员的学习和培养过程,身临其境感受航海家的生活。

(一)"少年派的奇幻漂流"——撇缆素质训练和绳结素质训练

大连海事大学水上训练中心主要用于训练航海类专业学生掌握海上救生技能、救生艇筏和救助艇的使用、高级消防、撇缆和打绳结等航海技能。在水上训练中心,全体营员学习和实践作为一名合格船员的必备技能——绳结素质训练和撇缆素质训练。八字节、缩帆节、立桶节、接绳结、平结、单套结、双套结、称人结、中间结、杠杆结……一条条普通的绳子在老师们的手中变化出功能奇特的绳结,营员们也在老师的指导下认真反复练习。指导老师为营员们讲解了船舶靠泊时的重要工作——撇缆,并组织营员们观看大连海事大学的学生们带来的撇缆表演。营员齐航兴奋地说:"这样小小的绳子都可以展示出无穷的功能和作用,航海一定有太多的奥秘值得我们去探索了,感谢科学营让我对航海有了全新的认识。"

(二)"来自星星的你"——航海天象知识实践活动

在掌握了船员的基本技能之后,少年航海家们来到天象馆,开始航海天象知识实践活动的体验之旅。大连海事大学天象馆由集光、机、电于一体的精密仪器"天象仪"和球型天幕组成,各种模拟的天文现象通过仪器投影在天幕上,以达到普及天文知识和辅助教学的目的。"欢迎各位年轻的都教授和千颂伊来到天象馆!"天象馆的刘伟环老师幽默的开场将营员们引入星星的世界,营员们穿越时空,感受航海天文的魅力。刘老师从郑和下西洋的船队使用过的量天尺和牵星板讲起,耐心地向营员们讲解航海天文的基本概念和发展历程。随后,刘老师将四季星空图和恒星、行星及其他各种天体的运行模拟动画投射在天象馆宽大的穹顶式银幕上,让营员们沉浸在四季星空里,直观生动地体验学习航海天文知识。在整个活动过程

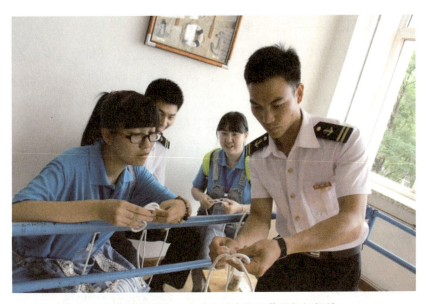

航海训练和研究中心老师认真指导营员们打绳结

中，营员们的注意力一直被投射在天象馆圆形穹顶的浩瀚星空所吸引，并在刘老师的指导下很快地在星空图中找到了自己的星座。

营员们在天象馆中探索星空奥秘

（三）"完美风暴"——航海气象知识实践活动

学习了航海天文知识后，营员们来到航海气象实验室，开始今天体验之旅——航海气象知识实践活动。在气象实验室里，活动指导教师高超老师向营员们讲解了气象知识在航海实践中的重要性。高老师结合图片向营员们讲解了云的分类、每种云预示的天气现象以及如何解读气象卫星云图中所蕴含的气象信息。随后，高老师带领营员们来到室外的气象观测场，在高老师的指导下，营员们自己动手使用干湿球温度计、气压计等气象仪器测量相关气象信息。回到实验室后，营员们结合气象卫星云图进行天气预测。营员王帅兴奋地表示："一直觉得天气预报很神秘，现在变幻莫测的天气我也可以预报了。"

航海气象专家为营员们讲解如何观测百叶箱

（四）"金蝉脱壳"——六分仪测量经纬度实践活动

学习了水手绳结技能、航海天文和航海气象知识后，营员们来到室外视野开阔场地，开始体验用六分仪测量经纬度。在电影《金蝉脱壳》中，主人公史泰龙被困海上，使用六分仪找到了自己所在的经纬度，活动指导教师王庆武老师借助电影，给营员们讲解了六分仪测天体定位的原理。在王老师的指导下，营员们还制作了简易六分仪。沈阳市第二十七中学的李同学兴奋地说："这下可好了，如果以后能有机会出海，即使在茫茫的大海中我也能知道自己身处何方了。"

营员们使用六分仪测天体定位

（五）"少年号"启航——参观立体机舱和航海模拟器重点实验室

动手打绳结、看云识天气、六分仪定位，掌握了这些航海基本技能之后，大连海事大学分营的小营员们来到体验之旅的最重要一站——轮机立体机舱重点实验室和航海模拟器重点实验室，营员们终于可以走进机舱实验室，体验一次航海家的感觉。立体机舱是船舶智能机舱实验室的重要组成部分，其布局、相对位置、系统配置与实船完全相同。立体机舱是轮机工程专业和船机修造的专业实习基地，也是在职船员的轮机实训基地。通过轮机立体机舱的参观，营员们熟悉了船舶机舱的设备组成，了解了船舶主机如何推动万吨巨轮在环境恶劣的大海上扬帆远航。

轮机立体机舱中老师讲解轮机仪器

营员们体验夜间逼真海上生活

航海模拟器实验室共有 3 个本船,分别是 360°视景的本船一、180°视景的本船二和 3D 立体显示的本船三。站在模拟器的驾驶台中,看着 360°投影仪的逼真画面,视觉错觉造成的眩晕感觉令"小航海家们"特别兴奋,设计航线、双手把舵、全速前进,俨然已经成为一名驾驶着巨轮航行在茫茫大海上的真正的航海家。

2015 年——深蓝行动

2015 年，"深蓝行动"让营员们通过情景再现和角色扮演的方式，以特别行动队队员的身份，在整个过程中学习并运用莫尔斯密码、船舶配积载、航线设计、船舶操纵等航海专业知识来模拟海上救援遇险船舶，感受航海科学的神秘与精妙。营员们被划分成了特色营救小分队，整装待发，准备开启一场"深蓝"的奇妙之旅。

深蓝行动介绍

(一)"风声"——莫尔斯带来的讯息

在志愿者们的带领下，营员们首先来到本次活动的大本营远航楼，每个特别任务行动组都指定了一个精心布置的军用帐篷作为作战指挥部。指导老师对活动进行简要介绍后，营员们开始分头行动，前往自己的作战指挥部开启"深蓝行动"的第一环节——"风声"。

营员们整装待发

"点、划、划、点、点……"长短不一的滴答声此起彼伏,看似如此简单的一点一划却可以通过不同的排列组合与停顿间隔组成如此巧妙而又复杂的莫尔斯密码,第一次接触这方面知识的营员们都表现得十分兴奋。营员们运用老师讲解的莫尔斯密码的基本原理与破译方法,迫不及待地开启了解密之旅。在密码破译大战中,营员们纷纷发挥自己的聪明才智,争分夺秒,很快就有营员将密码破译完毕。营员李钦华高兴地说:"这样简单的符号通过排列组合却可以展示出无穷的意义和作用,航海真是有太多的奥秘值得我们去探索了,感谢科学营让我对航海有了全新的认识。"

(二)"观潮"——怎样配载万吨巨轮

在迅速破译指挥中心发来的莫尔斯密码后,营员们来到密码指示地——远航楼二区航海计算机中心,开启"深蓝行动"的第二环节——"观潮"。

如何才能在巨轮有限的空间内,最合理地配载救援物资呢?本次活动的特派员首先向营员们介绍了万吨巨轮的构造与空间结构。巨轮一共分为七个舱位,营员们需要在确保满足船舶稳性、吃水和船舶强度要求的前提下,使所配载的物资最均衡合理,配载过程中船舶的吃水差要求和配载结束后船舶稳性的参数都有极其严格的要求,需要考虑各货舱究竟几轮才能装完所配装的货物、每轮各舱装货量的多少则取决于船舶结构强度、船舶允许吃水变化、码头装船机性能等多方面因素。

营员们正在认真破解莫尔斯密码

特派员以船舱的侧切面示意图为营员们做了详细的演示与解答。在整个活动过程中，营员们的注意力始终高度集中，认真聆听讲解并对照手中的材料不时地向特派员发问。在特派员的精心指导和组员们通力配合下，大家很快配载好了自己的万吨巨轮。

营员们寻找物资

（三）"斩浪"——寻找神秘的深蓝航线

完成"观潮"任务之后，负责绘制航线的特别行动小组来到了大连海事大学东山校区航教二区雷达模拟室，开始"深蓝行动"的第三环节——"斩浪"。

在这一环节中，特派员引导营员到达雷达模拟教室，开始"斩浪"的第一个任务——寻找线索。在翻找桌椅、课本等相关物品后，营员们陆续找到了标有航程和航向的线索纸条。特派员结合最新海图向营员们讲解如何看海图，如何利用罗经测方位、计算航程、定位和控制测绘误差等绘制要领，介绍绘制航线需要使用的仪器和工具，展示各种仪器的用途和操作方法。在特派员的指导下，营员们陆续完成了"绘制航线"的任务。对于从来没有接触过海图的营员来说，这次绘制是一个全新的挑战。营员们通过不断尝试，在特派员的细心引导下集思广益，最终正确计算出航程和方向，圆满完成了救援航线设计与绘制的任务。

营员们正在绘制航线

（四）"启航"——抵达胜利的彼岸

在成功挑战前三项任务之后，营员们来到航海模拟中心开启"深蓝行动"的第四个环节——"启航"。

万事俱备，只差"扬帆"。在特派员的带领下，营员们登上商船 5000 模拟器，指导老师细致地向营员们介绍船舶驾驶台上各式各样的仪表和按钮的作用，重点讲解了舵和档的操作方法。在熟悉操作流程后，营员们进行角色划分，分别扮演船长、三副和舵手，并明确航行目的地。随着一声"启航"令下，营员们开始了航行之旅,伴着浪花,船舶徐徐向前航行。船长下令"左舵 10",舵手回复"左舵 10,10°左",其他营员认真瞭望并向船长传递信息,在营员们的通力配合下,航行有序进行。在营员们的努力下,船舶终于通过吊桥,顺利完成了此次营救任务。营员们为自己鼓掌欢呼,兴奋地说:"真像在大海上一样,我也是开过船的人了!"

营员们凝心聚力、操纵救援船舶

(五)"扬帆"——少年派漂流之旅

为了使营员们全面了解船舶的相关知识,培养对船舶建造和航行的兴趣,提高营员们的创新意识、团队协作意识和动手能力,在指导教师和志愿者的带领下,营员们亲手制作属于自己的专属船舶,并将开展一场竞速比拼。画图、打磨、剪板、定模,营员们忙得不亦乐乎。"锋利的船头可以破开水面减小阻力,船身下部的配重可以提高稳定性,侧面我们还布置了两个浮筒来增加浮力,相信我们一定会取得船舶竞速比赛的胜利。"三联二排的营员们这样讲解他们的灵感来源和创作意图。

在动手中走进科学,在实践中提高能力,在不简单的手工中体会最简单的快乐。带队教师陈志辉说:"这个活动让我感受到了大连海事大学科学营的特色和魅力,让同学们在实践中培养了团结协作的精神,我们都非常期待下午的自制载人船舶竞速比赛。"

自制载人船舶竞速活动起源于英国剑桥大学,大连海事大学充分发挥办学特色与专业优势,在全国范围内首次开展此项活动。营员们带着亲手制作的船舶,到达我校水上训练中心,开始了"少年派漂流之旅"。

营员们制作载人船舶

　　不同连队的营员们制作了各具特色的船舶,有的作品签上了营员们的名字,有的画上了船舵,有的短小精悍,有的大而稳重……一艘艘五彩斑斓、形状各异的船舶成为全场的焦点。这些船舶模型均是由纸壳、胶带、塑料、防水布等日常随处可见的物品制作而成。随着比赛的哨声响起,一艘艘船冲出起跑线,在赛道上奋勇争先,看台上的营员们也在为自己的队伍呐喊助威,欢呼声此起彼伏。

营员们在紧张激烈地比赛

　　通过本次活动,营员们不仅了解了船舶构造,提高了动手实践能力,更感受到了船舶文化的魅力和团队合作的重要性。

2016 年——跨越时空的航海之旅

2016 年,大连海事大学专门开设了"时空航海家"课程,旨在培养出可以在各个年代进行海上航行的顶级航海家。学习"时空航海家"课程的有四位同学,为了能够成为"时空航海家",他们必须完整修完 4 门必修课与 3 门选修课。4 门必修课分别为:绳结制作、观星辨位、海上救助、莫尔斯码译识;3 门选修课分别为:模拟法庭、航线制定、船舶柴油机初探。这 7 门课程分别开设在不同时期的不同国度,4 个未来的时空航海家们,需要乘坐时光穿梭机进入 7 个不同的时代与国度。每完成 1 门课程,都将获得一项航海技能,同时会有相应的等级评判,不同的等级将获得不同数量的能力勋章。为了更好地完成学业,他们通过时光邮箱,向正在参加 2016 年全国高校夏令营大连海事大学分营的各位同学发来了求助信,邀请各位与他们一起,共同完成这次"时空航海家"课程。

(一)"刳木为舟"—— 自制载人船舶水上竞速比赛

故事背景:在穿越到 7 个时空去完成课程学习之前,营员们需要找到时光穿梭机的时空能量石来为穿梭机充电,经过调查,时空能量石被安放在远古时代,被一个原始部落当作了祭祀用的神石。原始部落有一名出色的首领,名骥,他的部落刚经历了灾荒,骥希望带领族人们跨过乌江,去对岸寻找新的安身立命之所,骥以时空能量石为条件,答应"时空航海家"和营员们,只要帮助族人刳木为舟,建造出载人的船只,帮助他们过江,就可以赠予他们时空能量石。

活动实况:全体营员带着亲手制作的载人船舶到达我校水上训练中心,开始"刳木为舟"——自制载人水上船舶竞速比赛。在活动现场,一排排营员们亲手制作的船舶在水面上奋力赛跑,来自二连一排的王梦悦同学感慨道:"设计船舶初期,小伙伴们各抒己见,产生了很多不同的声音。但是,动手制作船舶时,我们求同存异,群策群力,便不再惧怕组装船舶的挑战了。我觉得,此次活动最大的收获便是提高了我们团队沟通合作的能力,并且我们对大学创新实践的学习生活更加期待。"通过本次活动,营员们不仅夯实了船舶结构理论基础,锻炼了动手实践能力,更感受到航海文化的魅力及团队合作的重要性,大连海事大学分营的"跨越时空的航海之旅"活动主题更加深入营员们的心中。

紧张激烈的自制载人船舶水上竞速比赛

(二)"世纪加勒比海:解开海盗的绳结"——绳结制作

故事背景:四位"时空航海家"需要主修的第一门课程为绳结制作。为了学习这门课程,营员穿梭时空来到17世纪的加勒比海域,正赶上海盗活动猖獗,英国皇家海军舰队的一艘军舰被海盗打劫,舰上人员全部被海盗劫持。皇家舰队在试图营救的过程中遇到了难题——海盗在绑架中使用了各种各样的绳结,舰队已经探明人质所处位置,为了登船之后能快速解开绑架人质的绳结,皇家舰队向"时空航海家"和营员们求助,营员需要在短时间内学会这几种绳结,以便协助皇家舰队快速解救人质。

活动实况:要成为一名优秀的航海家,必须要学会固定船舶,而绳结是固定船舶最基础的方法。为了完成这次解救任务,营员们需要在规定时间内掌握打绳结和解绳结的方法。"左手拿绳子一端,右手逆时针依次打三个结,将两边结成的绳环拉紧即可。"大连海事大学水上训练中心陶锦元老师耐心地向营员们演示如何打好绳结,营员们认真学习并很快掌握了技巧。

陶锦元老师为营员们示范打绳结

（三）"百慕大三角：聆听星星的声音"——观星辨位

故事背景：四位"时空航海家"需要主修的第二门课程为观星辨位。为了学习这门课程，他们乘坐时光穿梭机，来到公元 1502 年的百慕大三角，此时哥伦布率领远洋船队第四次远航美洲。船队在靠近百慕大三角时，遭遇了强烈的"磁暴"，此时船上的磁罗盘失灵，指针不停地转动，无法指示方向。船队白天可以依靠太阳确定方向，可晚上却无法辨清方向。有丰富航海经验的哥伦布向"时空航海家"和营员求助，希望营员们能够利用天上的星星辨别方向，帮助哥伦布船队摆脱危险。

活动实况：航海和天文之间又有什么联系呢？营员们带着疑问走进了大连海事大学航海学院天象馆，开始了航海天文知识的实践之旅。航海家们需要在没有自动导航系统的情况下分辨方向，因此掌握观星辨位的基本技能是非常重要的。天象馆刘伟环老师将四季星空图、恒星、行星及其他各种天体的运行模拟动画投射在天象馆宽大的穹顶式银幕上，用风趣幽默的语言迅速调动了营员们的学习积极性，将他们带到了一个神奇的天文世界。营员们跟随着刘老师的讲解，沉浸在四季星空里，在浩瀚的星空中寻找自己的星座，在直观生动的实践体验中学习航海天文知识。

（四）"北大西洋：营救'永不沉没的客船'"——海上救助

故事背景：四位"时空航海家"需要主修的第三门课程为船舶安全。他们乘坐

营员们在天象馆探索天文奥秘

时光穿梭机,来到 1912 年的北大西洋,营救"永不沉没的客船"("泰坦尼克"号)。罗斯是一名家道中落的贵族小姐,杰克是一个贫穷的画家,两人在"泰坦尼克"号上相遇相知,谱写了一段感人的浪漫故事。一天晚上,罗斯和杰克在甲板上散步,突然巨轮前方漂来一座冰山,他们立即向船长报告却为时已晚,船长史密斯向"时空航海家"和营员求助,希望通过现代救助技巧和方法来帮助他的乘客脱离险境。

活动实况:海上有不测风云,四位"时空航海家"必须学会在没有"万能救护艇"的情况下实施自救和他救。为此,全体营员来到救捞训练馆学习海上救助知识。营员们被分为两组,分别进行救生衣穿着比赛和心肺复苏的比赛。随着活动志愿者的一声令下,参加比赛的营员代表迅速开始穿戴救生衣,顺利完成比赛。救生衣穿戴比赛结束后,营员们认真学习心肺复苏的基本方法,全神贯注地观看心肺复苏演示过程,随后进行心肺复苏操作比赛,优胜者可体验操纵救助机器人和救助直升机的活动。优胜者武同学开心地说道:"今天我体验到了在事故中被营救的感觉,这个工作对救助人员的要求很高,我从心里敬佩那些从事海上救助的工作人员。"

(五)"红海:'埃及萨拉姆 98 号'求救信号"——莫尔斯码译识

故事背景:2006 年 2 月 3 日,"埃及萨拉姆 98 号"渡轮在红海沉没。出港时,天气良好,海上风平浪静,但在午夜时分,当它驶离杜巴港约 62 海里时,苏伊士运

营员们穿戴救生衣比赛

河海事管理局的埃及官员突然发现它从雷达屏幕上消失了。原来,渡轮经历了一次小范围的起火后导致发动机无法正常运转,船舶航行出现故障。船长大卫·奥斯勒意识到出现故障,但已经无法通过船舶设备联系其他的救援船只和海事管理局了。船舶陷入了巨大的危机之中,在没有通信设施的情况下,船长利用船舶莫尔斯灯向"时空航海家"和营员们求助,希望他们帮助他译识"灯语",营救"埃及萨拉姆 98 号"。

活动实况:莫尔斯码破译现场坐满了营员,大家都围坐在信号灯的旁边,仔细聆听着灯里传出的声音。在老师的细心指导下,营员们初步掌握了莫尔斯码译识的诀窍,并开始尝试着对这神秘的灯语进行破译。老师发布任务,每队的营员需要破译出"埃及萨拉姆 98 号"渡轮的求救信号,进而帮助船舶脱离危险,解救船上游客。时间宝贵,每个营员都全神贯注地听着信号灯的滴答声,并将声音的讯息记录在纸上,然后快速地翻译完整的讯息,正确译出渡轮的求救信号。营员韩同学兴奋地说:"想不到简单的点点划划通过排列组合之后竟然能够表达这么多的意义,更想不到竟然如此简单地学会了神秘莫测的莫尔斯码,以后可以把它运用到生活中去,谢谢科学营让我对航海有了新的认识!"

(六)"中世纪英格兰:维护海上的公平与正义"——模拟法庭

故事背景:四位"时空航海家"需要辅修的第一门课程为海事律师资格考试及

莫尔斯码破译大战

模拟法庭。在航运的过程中,航海家需要学会维护自己的权益,掌握如何规避风险,如何及时应对各种问题。中世纪的英格兰,海上贸易运输繁荣,航行船只规模庞大。其中"无畏"号船舶在从南安普敦港驶往那不勒斯港的航行途中,遭遇暴风雨,触碰暗礁,导致船舱进水,船长下令弃船并逃离,最终船只沉没造成三人死亡。英格兰海事法院受理了关于"无畏"号船长行为是否适当的诉讼,大法官向"时空航海家"和营员求助,希望他们能够通过中世纪海事律师资格考试,帮助他完成对这次案件的审判。

活动实况:威严的大法官,着装整齐的陪审团,肃穆的法庭。营员们派出小分队来到大连海事大学大学生活动中心的模拟法庭现场,帮助法官审理案件,维护海上的公平与正义。小分队的营员们进行了海事律师资格考试,内容涵盖了地理、历史、船舶和法律等诸多学科,在成功地拿到了"中世纪海事律师资格证书"的同时,他们获得了相应积分。拥有律师资格证的"小律师们"作为辩护律师参与到海事法庭的案件审理中来,为"'无畏'号船长过失致人死亡罪名是否成立"一案进行辩护。在法官对被告人、公诉人、辩护人和证人进行问话的过程中,营员们对于该案件的背景、内容、要件有了较为全面的了解。在短暂的休庭讨论之后,准备充分的"小律师们"分成一组公诉方、一组辩护方进行法庭辩论,两组营员们为了说服法官,展开了激烈的辩论,在庭上唇枪舌剑。完成模拟法庭任务的营员们获得了相应的积分。

营员们进行海事律师资格考试

辩护双方进行陈诉

这样的经历既新奇又富有挑战性,营员们为法庭神圣的气氛所吸引,对于海事法庭的开庭流程以及法律知识有了一定的了解,同时对从法人员严谨认真的精神发出由衷的赞叹,海事法律公平、正义的形象也深入营员心中。

(七)"太平港:寻找郑和航海图"——航线制定

故事背景:四位"时空航海家"需要辅修的第二门课程为航线制定。他们乘坐时光穿梭机,来到1431年的太平港,与郑和一起制定航线。郑和是中国明朝著名的航海家、外交家,郑和七下西洋,完成了人类历史上的伟大壮举。而《郑和航海图》部分缺失,就无法进行前五天航行的航线制定,郑和宝船进而无法启航。郑和向"时空航海家"和营员们求助,希望得到他们的帮助。营员携带现代海图穿越到明朝,帮助郑和绘制航线,让郑和的宝船可以顺利出航。

活动实况:营员们来到大连海事大学远航楼二区,在活动志愿者的指引下,营员们见到了向他们求助的航海家、外交家——"郑和"(角色扮演)。他向同学们讲解了航线制定的方法,营员们要在没有"自动航线生成器"的情况下,运用最原始的工具绘制航线。成功制定航线后,营员们来到航海模拟器进行模拟船舶操作。指导老师细致地为营员们讲解、演示模拟器的功能,并在指导老师的协助下开始模拟船舶驾驶。在逼真的虚拟现实环境中,体验不同天气状况下的船舶驾驶情景。

营员们齐心协力绘制航线

营员们体验航海模拟器

(八)"纽约城:律动船舶的心脏"——船舶柴油机初探

故事背景:四位"时空航海家"需要辅修的第三门课程为船舶柴油机初探。他们乘坐时光穿梭机,来到1807年的纽约城,探索船舶柴油机的发明历程。当时美国与欧洲大陆的交通仅能通过帆船实现,存在速度慢、安全性不高的弊端。美国人富尔顿希望设计并建造出一种不依靠人力与风力驱动,由机械产生的动力来推动船只高速航行。在异时空内,富尔顿面临着汽船发展的技术性难题,如何才能使汽船平稳、高效地运行?富尔顿向"时空航海家"和营员们求助,希望能够通过营员们在科学营中所学习的知识协助他攻克发动机难题,帮助他发明出改变人类航海史的柴油机船舶。

活动实况：为了解船舶的内部结构，营员们来到了我校轮机立体机舱实验室。轮机工程学院教师带领营员们参观了轮机立体机舱的底层、集控室等，并向全体营员介绍了柴油机的发展历史，包括柴油机的诞生历程、应用领域的推广及普及知识，并以立体机舱为例，向营员们说明了船舶动力装置的使用方法、船舶系统主要知识等内容。随后，营员们开始了"柴油机"初探活动，他们通过提示牌上的信息找到本层通关"匣子"，然后再根据本层机舱的其他信息及老师传授的知识破解出通往上层(下层)的密码锁密码。最终，所有的营员都顺利通过三关，完成了柴油机初探任务。掌握核心技术才能推动巨轮，这是营员们最深的感悟。

营员们在轮机立体机舱完成船舶柴油机初探

(九)"跨越时空的航海之旅"主题活动终点:凯旋 ——向着航运强国进发

全体营员从"跨越时空的航海之旅"凯旋，抵达大连海事大学实习码头。通过团队协作，营员们出色地完成了"时空航海家"的全部任务，从热爱海洋的少年成长为出色的航海家接班人。为期三天的学习生活中，营员们被大连海事大学分营的蓝色海洋文化深深吸引。今天，他们将近距离地拥抱大海，领略海洋魅力。在领队老师的带领下，营员们分别登上了机动艇、帆船和人力划桨船，带着期待从大连海事大学实习码头出发，驶向星海公园。沿途美丽的风景令营员们陶醉，难得的海上航行经历令营员们兴奋。营员们说，大连海事大学分营每一天的活动都充满了挑战，也在不断地刷新着他们人生中的诸多第一次。欢声笑语之间，营员们依依不舍地离开了自己心爱的小船，结束了自己的首次海上航行。

营员们乘坐机动艇起航

在航海学院活动志愿者的带领下，营员们参观了码头设备、救生艇库等。在参观过程中，营员们认真聆听专业老师的介绍，并不时地向老师提出自己的疑问。营员们强烈的求知欲感染了在场的老师，老师们表示，希望青少年朋友们能够多了解大海，多了解船舶，多了解大连海事大学。

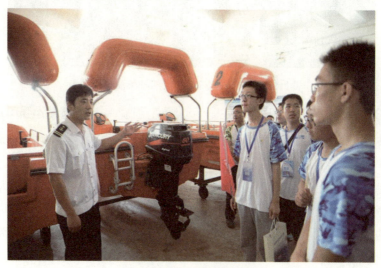

营员们参观救生艇实验室

通过此次"跨越时空的航海之旅"主题活动，营员们回顾了航海发展的历史，学习了航海科技相关知识。在营员们的帮助下，四位"时空航海家"集齐了能量勋章,他们将再度带领着营员们,乘坐希望的快艇,从大连海事大学分营出发,向着海运强国的未来,进发!

2017 年——重现航海王者的荣耀

（一）妙手结绳术——水手绳结编制

故事背景：16 世纪，我国东南沿海长期受到倭寇袭扰。1561 年，日本舰队突袭中国舰队。负责指挥的中国军舰的信号旗被敌军从桅杆上击落，一时间群龙无首，连连受挫，逐渐失去协同作战能力。危急时刻，中国海军急中生智，用水手绳结将信号旗固定在军舰的桅杆上，并通过信号旗的变换向其他参战的中国军舰发送作战信号。短短的几分钟，所有的中国军舰均能按照指挥舰的指令协同作战，瞬间恢复战斗力并将敌军击退，取得这场海战的最终胜利。营员们需要在短时间内学会这一必备技能，用以装备他们唤醒的航海英雄。

活动实况：生活中处处离不开绳子，绳子的绑扎和系固均是通过绳结制作来实现的。在海上船舶货物运输中，根据货物形状的不同，需要的绳结也不尽相同，因此绳结的使用成为航海王者需要掌握的一项基础技能。

"绳结是老祖宗留下的智慧，聪明的水手把它应用于航行中，守护了几千年的航海历史。"大连海事大学航海学院李琳老师声情并茂地向营员们讲述着水手绳结的起源历史。从简单的单套结、单边结和平结到复杂的 8 字结，一条条普通的绳子在李老师的手中变幻出功能各异的绳结。绳结奇特的变幻方式和李老师娴熟的结绳手法赢得了营员们的连连称赞。

在李老师一遍遍的演示和志愿者们细心的帮助下，营员们认真地学习"妙手结绳术"，并很快掌握了绳结编制的方法和技巧。接着，在李琳老师的组织和指导下，志愿者们对营员们所编制的水手结进行现场的考核，并根据编制时间和绳结质量评选出最佳团队。考核合格的团队将获取"妙手结绳术"技能，用来装备他们的航海英雄。

（二）四海觅踪术——航线制定

故事背景：大卫船长曾在海上建立了王朝，这片深邃的蓝色海洋也曾给他带来

营员们认真实践绳结的编制

大量财富。一天，他的船队中有一艘装满宝藏的船舶在航行过程中不幸被海盗击沉，船员们带着航海日志回到了陆地。大卫船长不肯就此放弃，想重新找回那批宝藏，但大海茫茫，如何找到被击沉的满载宝藏的船舶之处？他没日没夜地拿着那本航海日记仔细钻研，希望从中找出一些线索。功夫不负有心人，终于，他根据航海日记上的提示进行海图作业，定位成功，找到了沉船之处，并通过航线设计制定了寻宝之路，实现了他的愿望。航线设计能够实现海上航程的最优化，这是每一位想要摘得王冠的航海英雄梦寐以求的本领，赶紧修炼吧。

活动实况：在活动志愿者的指引下，营员们见到了向他们求助的航海家——"大卫船长"（扮演）。营员们必须利用仅有的航海日志来帮助他制定去往目的地的航行路线。"大卫船长"向同学们认真地讲解了航线制定的方法，营员们对航海日志进行仔细分析，运用专用绘图工具开始了航线的绘制。

成功制定航线后，营员们在专业老师的引导下来到航海模拟器实验室，进行船舶模拟操作。老师细致地为营员们讲解所用到的模拟器的功能。在老师的协助下，营员们开始模拟船舶的驾驶，在逼真的虚拟环境中体验船舶驾驶。

（三）千里辨音术——莫尔斯密码译识

故事背景：要成为一名航海王者，除了需要勇气与决心，还需要具备一些知识与技能，海上时常出现一些突发情况，通过信号的交流能够帮助航海英雄们更好地

"大卫船长"讲解航线制定方法

处理突发情况,因此将各位营员传送到这个古老的神秘废墟。传说这里流传着一种特殊的能力——"千里辨音术",如果掌握它,会使你的航行变得更加顺利。然而发现它却并不容易。一场夺得这种神秘技能的较量即将在这里展开。

活动实况:莫尔斯密码是一种通过不同的排列顺序来表达不同的英文字母、数字和标点符号的时通时断的信号代码,在海事通信中被作为国际标准一直使用到1999年。今天,国际莫尔斯密码依然被使用着,但已成为业余无线电爱好者的专利。讲解员为营员们讲述活动任务和规则,带领大家学习莫尔斯密码的基本原理和破译方法,写着秘密任务的小纸条被分发到各个小组,一场智力与团队合作能力的较量正式开始。

"嘀、嘀、嗒、嗒、嗒……"现场回荡着的尽是这样的声音,营员们聚精会神地围坐在莫尔斯密码收发器旁,流露出紧张而又无比兴奋的神情。小组成员中有的负责翻译,有的负责记录,有的负责校对,分工明确,合作无间。收到秘密任务的营员飞一般地冲出教室,第一时间赶去寻找下一个任务线索,就这样来回往复,营员们第一次体验到即使不用语言交流,也可以实现信息的互相传递。

(四)深海营救术——海上救助与打捞

故事背景:1519年9月,一支载有200多人的探险船队,分乘五艘帆船从西班牙出发,向西南穿越大西洋,绕过南美大陆南端的海峡,驶入太平洋。不巧的是,在

志愿者与营员一起译识莫尔斯密码

圣胡利安港，突如其来的暴风雨使船队变得不堪一击，一艘船瞬间沉没，其余四艘船也岌岌可危。情急之下，船员们利用丰富的专业知识，制定了科学、合理的救助与打捞方案，既拯救了落水的船员，又保证了其他四艘船只的安全。

活动实况：海上救助与打捞看似简单，实际上蕴含着丰富的科学知识。全体营员来到救助与打捞工程实验室，由救助与打捞专业研究生志愿者组成的讲解团为营员们讲解活动流程。营员们被分为三组，分别进行规范穿着救生服、对落水人员进行应急心肺复苏、学习直升机驾驶技能的活动体验。

（五）以退为进术——反动力小车制作

故事背景：菲利普是一艘商船的船长，他的船舶经过索马里海域的时候，值班三副在雷达上发现一个移动目标迅速从后方向船舶驶来，于是他拿出望远镜向后方望去，一艘小艇上有 4 名全副武装的船员，是海盗！他立刻向船长汇报。菲利普船长意识到问题的严重性，第一时间通过计算机联系护航海军，然而由于一只飞蛾飞进继电器，导致计算机停止运行。菲利普船长急中生智，利用船上工具制作反动力装置，使反动力小车成功运行，将飞蛾取出，完成了与护航海军的联系，解除了这次危机，保护了船员与船舶的安全。

活动实况：以退为进技能的学习，在危急时刻会发挥重要的作用。主持人向营员们介绍了故事背景、游戏规则以及奖项的设置。随后，营员们进行热身环节，利

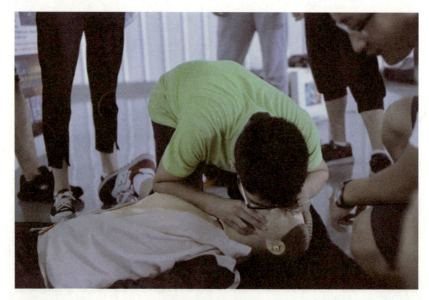

营员模拟心肺复苏

直升机救助体验

用10分钟的时间阅读桌面上的计算机发展史,之后桌面上的材料被收走并开始提问和抢答。营员们积极抢答,表现出了超凡的记忆力。

在正式制作小车的环节,营员以连为单位,每连每两人制作一辆反动力小车。营员们了解原理后,根据参考图纸,利用手中的材料,开始制作属于自己的反动力小车,活动现场氛围紧张又欢乐。小车制作完成之后,地上设置有一定摩擦阻碍的轨道,每个连需要选出一辆车来挑战赛道,顺利通过完整赛道的反动力小车算制作成功。

营员们动手 DIY 自己的反动力小车　　　　反动力小车赛道挑战

(六)幻影百变术——3D 打印

故事背景:17 世纪,加勒比沿海小镇子上有个不务正业的人,名叫杰克·斯派洛。杰克驾着自己的爱船,率领着众多喽啰纵横海上,令人钦佩。然而,在那个海盗猖獗的航海时代,渔民的生计受到了巨大挑战,杰克想惩恶扬善,帮助渔民,无奈大海茫茫,没有办法在渔民有难之际及时出手相助。于是,他想出了一个好主意——将自己的体貌特征、衣着服饰、拿着望远镜瞭望远方的标志性动作通过 3D 打印的方法打印无数个自己,让渔民将 3D 打印的自己放在渔船的船头,这样,很多海盗会误以为是杰克的船队,不敢靠近,成功地保护了渔民。小召唤师们,幻想一下,如果你们的船上也有这样一位令人钦佩的英雄,还怕不能拿到王冠么!

活动实况:3D 打印技术不仅在本次战术学习过程中扮演重要角色,在现实生活中也发挥着越来越重要的作用,技术也愈发完善。老师将营员分成 3 个队伍,向营员们介绍了 3D 打印技术的原理以及使用方法,了解 3D 打印与普通打印的不同之处,3D 打印机内装有金属、陶瓷、塑料、砂等不同的"打印材料",随后,指导老师为营员们演示打印过程,讲解相关注意事项。营员们亲自上阵,打出船锚等小物件,营员们拿到自己做的成品时都满心欢喜,尽管天气炎热,汗水浸透衣衫,但是营员们的脸上都洋溢着开心的笑容。

(七)相位追风术——动力小船制作

故事背景:相传鲁班不仅最早发明了船,还照着鸟尾巴的样子,给新船造了一条木头尾巴,实现了船舶的转向功能,但鲁班造新船的事被巡海的蟹将得知,禀报

营员们仔细观察 3D 打印全过程

了龙王,龙王听说鲁班新造的大船可以在海面肆意航行,龙颜大怒:"渔民有了这样的船,往后我的虾兵蟹将不是要让渔民们抓光了吗?"龙王命令鳌鱼大将找鲁班比试,鳌鱼大将具有神力,航行速度无可匹敌。为了保护渔民的安全,鲁班尝试在船舶上安装动力装置,实现提升船舶速度的目的,在与鳌鱼大将的竞速中击败了鳌鱼大将,捍卫了渔民的利益。小召唤师们,如果你的航海英雄练就了这身本领,一定能在决战之日迅速脱颖而出,加油吧!

拿到英雄碎片的小组合影

活动实况:主持人宣布营员们以"连"为单位进行相位追风术的学习与实践。营员们对制作动力小船充满期待,分组完毕后,大家各司其职开始制作。在制作过

80

程中,营员们配合默契,思维活跃。在对船舶螺旋桨形状的选择上,他们互相讨论,不时地向主持人和在场的学长请教。经过 40 分钟的制作后,各组纷纷将小船拿到水池边进行展示和水下试验。

2018 年——瀚海鲲鹏

故事背景:古人云:"北冥有鱼,其名为鲲。鲲之大,不知其几千里也。化而为鸟,其名为鹏。鹏之背,不知其几千里也。怒而飞,其翼若垂天之云。是鸟也,海运则将徙于南冥。南冥者,天池也。"

传说在北海之滨、世界的尽头,有一种大鱼名为鲲。鲲的梦想是终有一日通过磨砺,长出双翼进化为鹏。相传鹏双翼一振可击水三千里,扶摇而上九万里。每一代的鹏都会留下自己进化的秘密,这个秘密历经数万年的历史传承从未断绝,即孕育下一代的鲲化而为鹏,保卫北海安宁。

时间飞逝,转眼又到了新一代鲲进化的时间,六位智慧与勇气兼备的少年鲲脱颖而出,少年鲲将要克服种种艰险,经历重重关卡进而集聚自身的能量,最终化鲲为鹏。这些关卡分布在不同的地域,每通过一个关卡,少年鲲都会获得不同数量的"鹏之羽",集聚数量为50根的羽毛,便可成长为展翅大鹏。获得的羽毛数量最多的团队,将被评为"翱翔之翼"连队。

(一)鹏志初寻:解密风声中的讯息——莫尔斯码译识

故事背景:少年鲲们为了获得化而为鹏的秘密去拜访了无所不知的智慧老者,智慧老者告诉年轻的少年鲲们,成功完成鹏传承下来的挑战是获得秘密的关键。就在此时海面被一层淡淡的银光所笼罩,水波粼粼,宛如一幅风景画。海风温柔地吹拂但又不失劲力。风声时而高亢有力,蜿蜒曲折,节奏若有若无,不一会就消失了。这是在向他们传递秘密吗?少年鲲们在智慧老者的指引下,在鹏之翼掀起的风声中成功解密出了讯息并获得了第一部分"鹏之羽"。讯息中隐藏的成鹏之秘,便是前往北海寻找到鹏遗落的羽毛。

活动实况:莫尔斯码译识活动在生动有趣的故事情节中开始,"育鲲成鹏"之旅由此开启。首先,智慧老者为少年鲲们讲述了莫尔斯码的基本原理和破译方法,为了解出鲲化而为鹏的秘密,少年鲲们开动智慧的脑筋,共同协作攻克难关。

营员们举手提问

随后,智慧老者在每个连队中选拔出 12 名少年鲲,分为 A 组和 B 组,每组各 6 名队员。各连队 A、B 两组相互配合,在规定时间内破译密码,用时最少的小组将会获得数量最多的"鹏之羽"。少年鲲们聚精会神地围坐在莫尔斯码收发器旁,A 组负责发送信息,B 组负责接收信息。B 组为得到下一任务的线索而寻找宝箱,往复进行了三次。少年鲲们即使不用语言交流,也可以实现信息的互相传递,这就是默契的力量。

少年鲲们纷纷感叹于科技的神奇与人类的智慧,言语中表达出成功译识莫尔斯码的喜悦之情与成就之感,并表示对接下来的系列科技体验活动充满好奇与期待。找到了任务的线索,少年鲲们即将动身前往下一个目的地,他们的方向又在哪里呢?

(二)背负青天:探索满天繁星的秘密——六分仪观星辨识位

故事背景:智慧老者告诉了少年鲲们关于历代鲲鹏的传说。相传浩瀚的北海是一代代鲲化而为鹏的起源之地,历代成鹏的鲲都会在北海的某个神秘岛屿进行进化。六只少年鲲们筑梦的第一步便是寻找前往北海的方向。但茫茫天地,又将如何寻觅前往北海的方向呢? 智慧的少年鲲们面对一望无际的大海,去寻求历代大鹏的秘密,为了能够早日化鲲为鹏,他们仰望星空,于满天繁星中探索出了方向的秘密并获得智慧老者馈赠的"鹏之羽"。

活动实况:少年鲲们来到天象馆,这里有历代鲲鹏进化的遗迹,可以观测到宇

两组营员收发信息

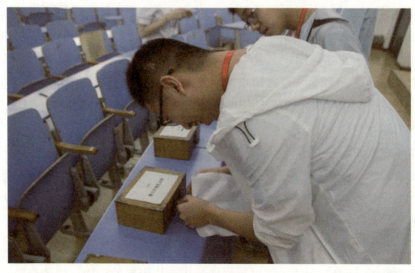

营员寻找宝箱线索

宙中无穷无尽的繁星,并借此发现星座的秘密。少年鲲们将于满天繁星中找寻出前往北海的方向,那里是历代鲲化为鹏的起源之地。

在天象馆一层,航海学院志愿者热情地为少年鲲们讲解了六分仪的基础知识,包括六分仪的用途、结构、测量原理、操作方法以及测角读数的方法。在听过六分仪的基础知识之后,少年鲲们纷纷动手,在志愿者的帮助和指导下实际操作演练,

营员听取"六分仪"基础知识讲解

志愿者悉心指导营员使用六分仪

尝试使用六分仪并读取度数。

　　掌握六分仪的使用方法之后，少年鲲们来到天象馆二层，志愿者为少年鲲们介绍了星座的基础知识。如何通过观察星座来确定方向呢？正当少年鲲们苦苦思索的时候，天象馆二层变得一片漆黑，在惊诧的声音中，他们头顶慢慢出现灿烂的星空。航海学院张云鹏老师讲解了黄道和天赤道，以及黄赤交点的位置，为少年鲲们演示了一年四季中北半球星空图像的变换过程。讲解过程中,张老师还幽默风趣地穿插了十二星座的相关知识,少年鲲们听得兴致勃勃,拍手称赞。

天象馆的学习结束后,少年鲲们掌握了通过仰望星空来辨别方向的本领,获得了智慧老者馈赠的"鹏之羽",相信他们一定能够顺利找到前往北海的方向。

志愿者讲解星座知识

营员观看星象图

(三)鲲入北海:踏上星辰大海的征途——航海模拟器操纵

故事背景:史料中记载北海只在相月(农历七月)的某七天才会显露出秘境大门。留给少年鲲们的时间已经不多了,少年鲲们不分昼夜地向北海破浪而行。但茫茫大海,又将如何寻觅前往北海的方向呢?在波涛汹涌的大海中航行,面对随时出现的风险,少年鲲们如何保护自己而不被海水吞噬?以星辰为指引,以大海为征途,少年鲲们风驰电掣地穿过狂风巨浪。最终少年鲲们准时到达了北海深处,并在北海秘境大门打开前收集到了另一部分"鹏之羽"。

活动实况:掌握了观天象的技能后,少年鲲们在活动志愿者的带领下来到大连海事大学远航楼二区。智慧老者发出"任务开始"的指令后,少年鲲们便踏上了寻找北海方向的征途。首先,活动志愿者向少年鲲们介绍了船舶操纵的基本知识,指导如何设定航线。少年鲲们都表示第一次接触设计航线,感觉既新鲜又有趣。

活动志愿者讲解航线设计

营员动手设计航线

学会了设计航线,下一步就要学习船舶驾驶技术了。少年鲲们要学会如何在广袤无垠的大海上安全驾驶船舶,之后会选出 4 名少年鲲参加竞速比赛,固定时间内航行距离最长的少年鲲会获得最多数量的"鹏之羽"。比赛开始,4 位勇敢的少年鲲为了收集到"鹏之羽"而破浪前行,双手把舵,聚精会神,驾驶船舶到达终点。

活动志愿者正在讲解

营员们集中精力驾驶船舶

少年鲲们初步掌握了驾驶船舶的技巧,接下来,他们要向着下一个目的地出发,加油吧,少年!

（四）羽翼渐丰：历经北海秘境的磨炼——科技嘉年华

故事背景：打开了秘境的大门，秘境中遗留的鹏之意志告诉少年鲲们，他们需要在秘境中经历八道关卡的严峻考验，凭借智慧和勇气收集那些遗落的羽毛，才可以离开秘境。当勇敢智慧的少年鲲们完成了所有历练时，在鹏之意志的指引下，他们离开了北海秘境。

活动实况：在大学生活动中心外的广场上，少年鲲们正在接受秘境的考验。活动开始前，少年鲲们以抽签的形式，将 24 个排分为 8 个小组，在志愿者的带领下依次参加展示环节和比赛环节。首先少年鲲们需在 7 个展示项目中选择两个项目，项目分别是：智能车展示、智能防盗门、VR 体验、C 语言图片打印、智能全息投影、3D 打印体验，天文望远镜之太阳表层观测。少年鲲们完成体验后便可获得成就印章。

志愿者向营员们展示智能车

随后，少年鲲们要完成比赛环节中的所有项目，分别是"鲲之隐——临深履薄""鲲之觉——秘境之光""鲲之蕴——含光养华""鲲之鸣——破浪而歌""鲲之幻——幻化重生""鲲之脊——负任蒙劳""鹏之跃——飞流勇进""鲲之行——御风而上"。少年鲲们可以凭借手机 App 操作，利用废旧物品制作出一个个简便、高效的创意小物件；通过按动电路板上的电容按键，演奏动人的乐章；设计模型，制作水动力火箭，制作纸飞机……

志愿者演示智能防盗门操作

经过 3 个小时的科技嘉年华之旅,少年鲲们切身体会到将课本知识运用于动手实践的乐趣,不仅锻炼了动手操作能力,更感受到了团队相互协作进步的益处,领悟到了科技发展道路的不易。

营员制作太阳能小车

(五)风涛万顷:救援风浪中的孤岛——救助打捞实验

故事背景:离开秘境后,少年鲲们来到了一片波涛汹涌的危险海域。海域周围

营员弹奏音乐键盘

一片阴郁,乌云浓密且沉寂,海浪敲打着船体,好像要合力把他们的船吞噬一般,无情又残酷。就在此时,远处多束刺眼的光射过来,少年鲲们发现了一叶摇摇欲坠的孤舟,船上的人们用手电呼救,但船体的剧烈摇晃使手电发出来的光跟随着船体忽明忽暗。善良的少年鲲们立即前往该船,用他们的力量抵御风浪,帮助人类。成功救援后,船长十分感激少年鲲们,并向他们赠送了"鹏之羽",告诉他们在远处的神秘岛中也藏有羽毛。少年鲲们在船长的指引下向着神秘岛前进。

　　活动实况:在充满危险的大海上,少年鲲们不仅需要勇往直前的勇气,还需要学会如何救援孤舟上人们的技能。少年鲲们来到救助打捞工程实验室学习救助打捞知识,由救助打捞专业研究生志愿者组成的讲解团为少年鲲们讲解活动流程。少年鲲们被分为两组,分别进行规范穿着救生服和对落水人员进行应急心肺复苏的比赛。在规范穿着救生服比赛的现场,少年鲲们认真聆听研究生志愿者的指导。随着志愿者的一声令下,比赛正式开始,每位少年鲲都能在紧张的比赛中仍然保持冷静,有条不紊地迅速穿上救生衣。在对落水人员进行应急心肺复苏的现场,首先由研究生志愿者为少年鲲们讲解应急心肺复苏的步骤方法和需要注意的事项,少年鲲们全神贯注地观看心肺复苏的演示过程,细心谨慎地进行心肺复苏的模拟训练。

营员们穿戴救生衣

随后,少年鲲们一起来到直升机救助体验现场,两位自告奋勇的少年鲲被选为被施救者,感受"真实"的海上救助与打捞,在整个被施救的过程中,少年鲲们沉着冷静,没有表现出任何慌张。通过整个救助与打捞体验活动,少年鲲们不仅学会了更加专业的救援技能,而且锤炼了勇往直前的意志品质,这对他们以后的旅程更有帮助。

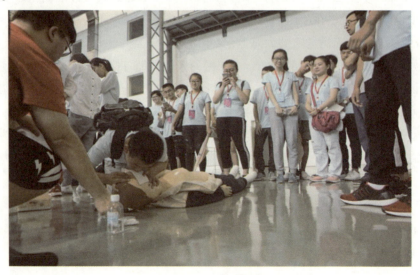

营员们模拟心肺复苏训练

直升机救助体验

(六)鲲鹏击水:寻找神秘岛的宝藏——无人艇编队展示

故事背景:到达神秘岛后,少年鲲们通过智慧冲破了神秘岛周边环绕的层层障碍,顺利登岛,在岛中心搜集到了鹏遗落的羽毛。神秘岛是一座神奇的岛屿,岛上树木丛生,花繁叶茂,不时有蝴蝶在花朵上小憩,不一会儿又飞走了。正当少年鲲们沉浸在美丽的景色中时,神秘岛的守护者出现在少年鲲们的面前,他奉命守护神秘岛的羽毛,等待少年鲲们的到来。他告诉少年鲲们在这个岛屿上,还有其他的羽毛需要被找到,由此获得接下来的线索。

活动实况:少年鲲们见到了神秘岛的守护者。为了考验少年鲲们是否具备足够的智慧和勇气,神秘岛的守护者特意召集了"无人艇编队"来协助。

首先,无人艇编队成员向少年鲲们介绍了他们自主研制的无人艇编队系统。接下来,他们又向少年鲲们讲解了无人艇在情报搜集、海上拦截作战、蜂群作战、海洋环境监测、水文地理勘察、海上搜救、船只补给等方面的应用。少年鲲们在无人艇编队成员的带领下走进了一个新奇的世界。

为了让少年鲲们对无人艇有更加深刻的认识,编队成员向少年鲲们展示了"目标包围"。通过无线通信网络,实现了对目标无人艇的圆形包围。少年鲲们被眼前的场景深深吸引,他们都跃跃欲试。在无人艇编队成员的指导下,少年鲲们实现了操纵无人艇的心愿。

神秘岛的守护者看到了少年鲲们的智慧和勇气,最终为少年鲲们提供了寻找

无人艇编队成员展示"目标包围"

营员操纵无人艇

下一部分"鹏之羽"的线索。相信少年鲲们一定能够顺利地完成接下来的任务!

(七)碧波扬帆:筑建心中的梦想——划艇竞速比拼

故事背景:剩下的羽毛藏在一个名为"心海"的地方。心海是神秘岛中风景最宜人的地方,心海上的每一块区域都种满了各色各样的花朵,每当太阳升起时,花朵次第绽放，芳香浓郁，万花成海，整个心海呈现一片奇丽壮观的景色。但是为了快速搜集剩下的羽毛，少年鲲们要凭借自身的勇敢扬帆起航，在速度与海浪的冲击声中奋勇前行。最终在心海的中心处，搜集到了最后一部分被鹏遗落的羽毛。

活动实况：为了尽快寻找到"鹏之羽"，少年鲲们马不停蹄地踏上了征程。少年鲲们已经迫不及待地到达了心海湖畔，望着水面漂浮的皮划艇，跃跃欲试。

营员们听老师耐心的讲解

为了帮助少年鲲们顺利到达传说中的"心海"，航海训练与工程实践中心的余泛泳老师为少年鲲们细致讲解了穿着救生衣的正确方式以及皮划艇实际操作的注意事项。比如：登艇的时候先放腿，双手把住皮划艇两端以控制平衡；划桨的时候，桨面垂直入水，身体前倾，划桨行程要尽量拉长以提高效率；在划双人艇时要注意两人的配合情况等。少年鲲们听得一丝不苟，生怕错过每个小细节。

接下来，少年鲲们穿好救生衣，开始实际登艇操作。每一条双人艇的后座都有来自跳水队、舢板队和帆船队的志愿者化身守护者，守护每一位少年鲲的安全。少年鲲们在登艇之后双手持桨划水练习，余泛泳老师认真指导少年鲲们，教给他们更加规范的动作，告诉他们如何提高前进速度。从起初的小心翼翼到后来的收放自如，从开始的战战兢兢到后来的胸有成竹，少年鲲们的每一点进步，都镌刻进了心海湖畔的凉风中。

营员们实操皮划艇

　　为了检验少年鲲们的航行技能,心海湖畔展开了一场激动人心的比赛。比赛进程分两组,采取打分制。第一组为单程竞速赛,即在规定的距离之内,划艇时间最短者得分最高。少年鲲们由心海沙龙门口登艇,到达心海湖中心岛结束。第二组为水中捞物往返竞速赛,少年鲲们需要在往返点捞起湖中宝物,顺利回到起点,用时最短者得分最高。如果没有顺利捞起湖中宝物会扣掉相应分数,根据六支连队第一组和第二组的综合得分获得不同数量的"鹏之羽"。

　　比赛开始后,少年鲲们奋力划行、全力前进,如同一尾入水的鱼儿在自由徜徉,转弯的时候流畅且迅速,捞起宝物的动作飒爽且帅气。湖中的比赛紧张激烈,岸上的加油声震耳欲聋,整个心海湖洋溢着青春的气息。

　　一路走来,少年鲲们用自身的勇气和智慧探索前进的奥秘,用不断的学习和拼搏书写蜕变的华章,他们一定能够化鲲为鹏,筑造最美丽的梦,实现最完美的蜕变。

　　(八)乘风破浪:抵达远方的彼岸——船舶竞速比赛

　　故事背景:少年鲲们收集到了鹏遗落的全部羽毛,他们距离化而为鹏还有一步之遥。他们需要前往最终的目的地"鹏来岛",这是每一代鲲化而为鹏的地方。据说那里风景美不胜收,天都飘缈浮云际,莲蕊迷蒙隐雾中。据说每一个少年鲲化为鹏后,他的双翼会变成银白色,闪着银光,在浩瀚的北海上空展翅飞翔。少年鲲们需要在北海乘风破浪到达那里,在一代代大鹏的意志下将所有羽毛化为双翼,大鹏展翅,翱翔寰宇。

活动实况:少年鲲们齐聚大学生活动中心,参与竞速船舶制作活动。有了昨晚的培训,少年鲲们已经迫不及待地开始制作自己的竞速船舶了。

聚精会神地听老师讲解船舶制作知识

营员们正在认真制作船舶

在制作过程中,少年鲲们发挥了丰富的想象力,利用老师传授的专业知识,有模有样地制作着自己的竞速船舶。他们时而热烈地讨论,时而安静地动手实操,时而停下来请教老师如何克服海上风浪等问题;他们有的用胶带和铆钉加固船体结构,有的用画笔和水彩在船体外侧绘制漂亮的图案等。为了防止船舶漏水等严重问题在决赛中出现,少年鲲们主动为自制船舶做检测。可以看得出来,少年鲲们用心地在为最后一搏积蓄力量。

营员们展示制作好的船舶

少年鲲们沉浸在欢快而紧张的气氛中,感受着团队合作的魅力,体验着动手实践的乐趣。他们表示,对于下午的自制船舶竞速比赛充满了期待,希望自己团队制作的船舶可以"乘风破浪,抵达远方的彼岸"。

随后,少年鲲们来到大连海事大学求生馆,在这里进行了激烈的自制船舶竞速比赛。首先由研究生志愿者们为少年鲲们讲解如何利用无人艇牵引自制船舶前进,少年鲲们认真聆听并且向老师虚心请教。少年鲲们在一段操作训练之后开始了正式的船舶竞速比赛,志愿者们负责维持现场秩序并记录比赛结果,少年鲲们在比赛中沉着冷静,遇到困难不言放弃,充分利用学到的理论知识,展现出非凡的动手能力。比赛进行得异常激烈、高潮迭起,掌声、欢呼声、加油声经久不停。

活动在欢呼雀跃声中接近尾声,少年鲲们激动兴奋的心情久久不能平复。尽管前进的道路中充满荆棘、挑战,但只要保持无畏无惧、精诚协作的精神,他们最终会取得胜利的果实。

营员们耐心听老师讲解比赛规则

即将"出征"的船舶

比赛中的船舶

2019 年——瀚海凌风

本次特色活动紧扣习近平总书记提出的共建"丝绸之路经济带"和"21 世纪海上丝绸之路"的重大倡议,并深刻贯彻了"寓教于乐"的宗旨。为了让来自五湖四海的"凌风少年"深刻感知丝绸之路、航运科技和海大育人文化,使营员们传承丝绸之路精神、体会航海前沿科技知识、品味大师成长历程,科学营的工作人员和志愿者精心策划并制订了活动计划和故事背景,并做好相关的安全保护措施,为营员能够在安全和谐的氛围内尽情享受科技的乐趣和魅力保驾护航。

故事背景:壮志西行追古踪,孤烟大漠夕阳中。驼铃古道丝绸路,胡马犹闻唐汉风。中国古代,丝绸之路在世界版图上延伸,书写着沿途各国人民友好往来、互利互惠的动人故事。如今,一个新的倡议在世界政经版图从容铺展——共建"丝绸之路经济带"和"21 世纪海上丝绸之路",这一跨越时空的宏伟构想从历史深处走来,融通古今、连接中外,顺应和平、发展、合作、共赢的时代潮流,承载着丝绸之路沿途各国发展繁荣的共同梦想,将古老的丝绸之路激发出崭新的时代内涵。海上丝绸之路从古至今都被广泛歌颂,丝路的开辟不仅促进了中西贸易的繁荣,更是带动了中国航运能力和航海技术的发展和提高。"航海家"在历史上是一种神圣的职业,他们精于航海、以海上探险为生,他们是不畏艰难、勇涉险滩的英雄,是拥抱深蓝、探知未来的象征。大航海时代的航海家们,更是开启了世界大变局,推动了人类文明的进步。时至今日,"航海家"已不单单是一种职业,更多的是代表一种精神、一种传承、一种文化、一种文明。1982 年 7 月,大连海事大学 15 名"航海家"在没有任何机械动力的情况下,依靠一张海图、一个磁罗经导航,驾驶着两只训练艇在海上航行 21 天,秉承团结一致、百折不挠、勇于开拓、艰苦卓绝的"凌风远航"精神,成功横渡渤海,从此吹响了"凌风远航"的号角。

历史自有其深邃的智慧与力量。今天,所有青少年营员们集结为"凌风远航"队员,被授予新时代"凌风少年"称号。他们将启程去探寻海上丝绸之路的秘密,感悟丝绸之路的文化。他们在旅程中将会经历种种艰险,需要通过学习和掌握不同的航海技能以面对多道关卡的考验,每通过一道关卡都将获得"丝绸之路勋章",闯关成功并且"勋章"累积量达标者将被授予"航海勇士"的称号。具体关卡如下:

(一)"锚定凌志":梦探鲤城,厚积薄发备初航——海图制定

故事背景:"边城暮丽雁飞低,芦笋初生渐欲齐。无数铃声遥过碛,应驮白练到安西。"每每读到描写丝绸之路的古诗词,凌风少年耳畔仿佛有声声驼铃自远而近悠悠回荡,朗朗念起,古韵留香。少年们提出,若携带现代科技知识重走海上丝绸之路,能否如古人般改变历史,推动全球文明进步呢?正当少年们为此争论不休时,庞大的能量潮汐瞬间涌动起来,片刻间,一阵狂风自鲤城席卷而来。鲤城,因古城形似鲤鱼而得名,历史上习惯称为"泉州"。这阵风吹得少年们措手不及,不一会儿,风力变弱,只见有一行人正朝着少年们走来,定睛一看,原来是战略研究师们,他们的到来正是为少年们答疑解惑、指点迷津。为表心中的感激之情,少年们亲手制作水手结送给帮助他们的研究师们。微风四起,旌旗飒飒,凌风少年将泉州作为起点,以无尽的热情与勇气,时刻准备着那即将开启的、梦中向往已久的重回丝路之旅。

营员们认真听老师讲解海图绘制

活动实况:"工欲善其事,必先利其器",没有扎实的航海基础和本领,是无法成为一位合格的航海家的。因此研究师请来了航海学院教研室的老师们来为各位营员讲解海图绘制所需的基础知识,只为让凌风少年能从此拨开迷雾,直挂云帆济沧海;而凌风少年也满怀激情,全身心地投入海图绘制的学习当中,只为早日到达梦想的彼岸。

老师讲解海图绘制基础知识

凌风少年成功绘制海图

随后,在老师和各位航海技术专业志愿者的帮助下,各位凌风少年最终成功绘制出了自己人生的第一份海图。看着那一份份精美绘制的海图,凌风少年们充满自信地微笑着。等待凌风少年的是即将开启的"海上丝绸之路"。

绘制好了海图，凌风少年即将劈波斩浪，那么，海图上等待他们的下一站将会是什么呢？

（二）"锻器以待"：砥砺节行，航海模拟注技艺——航海模拟器

故事背景："学与思，琢与磨，知与行，相交错。"凌风少年在正式开航前提出，海上风险重重，海况千变万化，若途遇风浪，还需经验丰富的前辈提前教之应对。说罢，凌风少年一行赶忙前去请教海图绘制师们。这些海图绘制师们具有深厚的航海知识储备和多年的海图绘制经验，他们携图备航，与少年们一道研究路线，制定出精确的海图。带着此次航行的海图，少年们又来到了航海模拟实验室，向前辈们孜孜以求、殷殷追问，以期做好万全的准备。凌风少年通过熟记操作方法，熟悉机舱结构，以图为骥，将海上丝路的航程遍遍模拟，对潜在危险状况一一化解，少年们终于掌握了充足的航海技能，万事俱备，只待开航。

营员们学习航海模拟器的操纵

活动实况：学会了绘制海图之后，凌风少年在即将扬帆起航前来到了航海模拟器实验室，在这里，凌风少年将做好开航前的最后准备：学习航线设计、船舶操纵等基本知识，只为掌握充足的航海技能，从而踏上"海上丝绸之路"的征程。

首先，模拟器实验室的航海志愿者们向凌风少年介绍了船舶操纵的基本知识，指导如何设计航线等操作，这也是凌风少年第一次接触航线设计，激动、兴奋之情溢于言表。在学会了设计航线之后，下一步要开始学习船舶驾驶技术。为了让凌

营员们学习航海模拟器的操纵

风少年掌握在广袤无垠的大海上安全驾驶的技术,航海志愿者决定让凌风少年以连为单位,每连选出 4 名代表来进行竞速比赛,从而获得"丝路勋章"。凌风少年在前辈的指导下,认真仔细地在模拟器上乘风破浪,最后平稳地驾驶着船舶,驶向了终点。

怀揣着前辈们的叮嘱与教导,扬帆启航吧,凌风少年!

正在操作航海模拟器的营员

参加竞速比赛的团队成员

（三）"初航荣光"：夜泊爪哇，科技交流融文化——科技嘉年华

故事背景：凌风少年带着勇气与智慧开启了重回丝路之旅，惠风和畅，只待扬帆。一路上阳光柔和温暖，于海面映照出层层光影，少年们如醉如痴，慨叹世间美好总在不经意间投射进眼帘，感谢大自然的馈赠。伴行美景之下，凌风少年一行浩浩荡荡，所乘船队排似长龙，由泉州始经占城，继续向南，到达爪哇。爪哇今为印度尼西亚首都雅加达所在的岛屿，风光旖旎，物产丰饶，置身其中仿佛世外仙境，淡淡薄雾萦绕，盈盈花朵绽开。如此绝佳的地理位置，凌风少年决定以此为首站，体会古今之情。印度尼西亚自古便与中国往来密切，有丰富精彩的往来历史，少年们被奉为座上宾，双方共同点亮一场科学盛宴，于嘉年华中交流两国文化与科技。作为回礼，少年们也带来了亲手制作的陶艺，"白玉金边素瓷胎，雕龙描凤巧安排"，将现代元素融入传统工艺，件件作品玲珑剔透，万般皆好，恰似静中见动青山来。少年们此行与印度尼西亚人民深入交流，谱出古今交织、情谊深厚的初航荣光。

活动实况：在大学生活动中心外的广场上，凌风少年们正在享受一场科技的盛宴。活动开始前，领队人员通过抽签，将 4 个连分为 8 个小组，在志愿者的带领下依次参加不同展位的比赛环节，分别是"北冥有鱼——机器鱼管道漏油检测""丝海之光——自制手电筒""征途漫漫——太阳能小车竞速""踏歌而行——水果音乐键盘""海市蜃景——51 单片机 DIY 流水灯""天工开物——结构设计大赛""破云逐日——天文望远镜之太阳表层观测""飞流勇进——水动力火箭竞距"，8 个小组的凌风少年要分别完成这些项目,最后获得每个项目通关负责人的认可,才可以获得足够的"丝路勋章"。

营员正在制作流水灯

天文望远镜之太阳表层观测

凌风少年间彼此合作,利用计算机模拟器来对漏油管道进行筛检;利用废旧物品制作出创意手电筒;通过太阳能电池和废旧物品,制作太阳能小车;通过按动电路板上的电容按键,演奏动人的乐章;设计模型,制作水动力火箭等趣味物品。

经过3个小时的科技嘉年华之旅,凌风少年们切身体会到将课本知识运用于动手实践的乐趣,不仅锻炼了动手操作能力,更感受到了团队相互协作的益处,领悟到了科技发展道路的不易。最后,8个小组的成员在彼此间默契的合作下,都获得了足够的勋章,成功完成了科技盛宴的挑战,挥舞旌旗,开启下一个航路的篇章。

认真弹奏自己制作键盘的营员

正在操作手柄进行管道检测的营员

相信在接下来的活动中,凌风少年们还会继续克服艰险,以不断探索的精神面貌,不断集聚自己的正能量,最终征服海上丝绸之路,感受前辈们的英雄壮志。

(四)"瀚海迷途":探索满天繁星的秘密——六分仪观星辨位

故事背景:告别印度尼西亚,凌风少年们继续前行,时值小暑前后,船队随北印度洋季风环流一路向孟加拉国驶去。航行前几日,少年们仍沉浸在印度尼西亚首航的美景中难以自拔，直至风暴突至，暴雨如注，让少年们感到措手不及。就在此时，一股强烈的飓风袭击了船队，海浪如巨兽般扑面吞噬而来，船只仪器损坏，定位失效，与外界断掉了联系，情况危急万分。这时，少年们想起郑和第六次下西洋遇风难就在榜葛剌，"于镇东洋中，官舟遭大风，掀翻欲溺，舟中喧泣……中道返回……"不！坚毅勇敢的少年们决不屈服于恶劣条件，也决不就此返航！他们昼夜未歇，白日以六分仪测纬，夜晚以星象辨位，几经迷失，终于凭借智慧与勇气重寻方向，驶向孟加拉国。

活动实况：凌风少年们整队来到了东山校区航海楼和天象馆。这里有历代航海家的智慧凝结而成的神秘科技，可以观测到宇宙中无穷无尽的繁星，并借此发现星座的秘密。凌风少年们将于满天繁星中找寻驶出迷航的方向。

天象馆

在航海楼内，航海学院的谢海波老师给凌风少年们带来了一场"瀚海迷途——探索满天繁星的秘密"航海知识盛宴。首先，他代表大连海事大学欢迎凌风少年们在中国航海日到来之际加入科学营来共同感受海洋文化，介绍了中国航海日的由来：2005 年 7 月 11 日，是中国伟大航海家郑和下西洋 600 周年纪念日，2005 年 4 月 25 日，经国务院批准，将每年的 7 月 11 日确立为中国"航海日"，作为国家的重要节日固定下来，同时也作为"世界海事日"在中国的实施日期。紧接着，他详细讲解了航海定位的基础知识，解答了运用天体进行天文导航的奥秘，从而引出了天体运行的自然规律。在一片惊叹声中，谢老师向凌风少年们展示了一幅幅四季星空图,凌风少年们纷纷被美丽深邃的自然所折服。最后,谢老师与凌风少年们简单分享了我国古人观察月相、规定节气以及制定农历历法的相关知识,凌风少年们表示,通过领略中国古代文化的博大精深,丰富了传统文化知识,增强了文化自信。

老师讲解天象知识

航海技术专业志愿者介绍六分仪使用方法

营员学会使用六分仪

营员们观看星象图

随后,凌风少年们来到了天象馆,在天象馆一层,航海技术专业志愿者李庚华热情地为凌风少年们讲解了六分仪的基础知识,她通过视频引入情境,介绍了包括六分仪的用途、结构、测量原理、操作方法以及测角读数的方法。志愿者专业又不失风趣的讲解,激起了凌风少年们对六分仪极大的热情与浓厚的兴趣。在听过六分仪的基础知识之后,凌风少年们纷纷动手,在航海技术专业志愿者的帮助和指导下,实际操作演练,尝试使用六分仪并读取度数。

掌握六分仪的使用方法之后,凌风少年们来到天象馆二层,航海学院志愿者张俊峰为凌风少年们讲述了北极星与仙王座、仙后座悲壮的神话故事。正当凌风少年们聚精会神听故事的时候,天象馆二层变得一片漆黑,在惊诧的声音中,他们头顶慢慢出现灿烂的星空。航海学院张云鹏老师讲解了黄道和天赤道,以及黄赤交点的位置,为凌风少年们演示了一年四季中北半球星空图像的变换过程,包括春季的北斗七星、夏季的牛郎星和织女星、秋季的仙后座和冬季的猎户座等。讲解过程中，张老师还幽默风趣地穿插了十二星座的相关知识，凌风少年们听得兴致勃勃，其间掌声不断。

（五）"鹏图既展"：满目琳琅，越野配载促商贸——定向越野

故事背景：经过修缮与补给，船队沿印度悠长海岸线驶向下一站——斯里兰卡。据说在公元1407年，郑和曾在古里赐其国王诰命银印，并起建碑亭，立石碑"去中国十万余里，民物咸若，熙嗥同风，刻石于兹，永示万世"。斯里兰卡以宝石富集和红茶享誉世界，凌风少年们抵达后，满目皆是琳琅珠玉，他们以携带的丝绸、瓷器等货物进行售卖，换得红、蓝宝石以及猫眼石若干。此外，少年们越野寻觅，精心采购，于斯里兰卡最大市集储备粮食、蔬菜、瓜果、淡水，但怎样配载才能保证存储安全并延长保质期？少年们请教当地经验丰富的航海家，集思广益创新配载方式，终于收获满满，顺利再启航。

营员准备开始比赛

活动实况：凌风少年们在志愿者的带领下来到大连海事大学西山体育场准备定向越野比赛。百年前的今天正是中国伟大航海家郑和下西洋的日子；而百年后的今天，我们将7月11日称为"中国航海日"，并作为国家的重要节日固定下来，同时也作为"世界海事日"在中国实施。因此，今天的比赛对于凌风少年而言也更具有意义。

比赛前，在现场工作人员的协调下，将4个连的凌风少年分成了5人一组，并

配有一个带队志愿者的队伍。每个队伍都需要完成 8 项任务才能获得足够的"丝路勋章",从而开启下一阶段的行程,具体包括:在西山体育场进行的"心有斯里"、在西山轮滑场进行的"斯里雕像"、在湖畔书屋进行的"'货物'运输"、在环工楼门前进行的"踏上丝绸之路"、在东山体育场进行的"不定始知圆"、在知行楼篮球场进行的"静若处子,动若脱兔"、在新大活篮球场进行的"缘起斯里"、在西山体育场进行的"投入斯里"。

"货物"运输

投入斯里

志愿者讲解规则

每项活动都需要团队中 5 名成员默契地合作才能完成，更需要带队志愿者协调统筹才能开启下一项任务。尽管每个游戏项目都需要团队付出巨大的精力，但是"精诚所至，金石为开"，每个团队为了完成任务也都收获了合作与胜利。经过 3 个小时的激烈比拼，每个队伍都顺利地完成了任务，获得了足够的"丝路勋章"，顺利地开启了下一阶段的航程。经过团队合作的洗礼，等待凌风少年的必将是更加辉煌的明天！

合格盖章

（六）"御浪凌风"：穿越海峡，船舶竞速展活力——自制载人船舶竞速比赛

故事背景：一周后，船队抵达也门。史载三千，也门是阿拉伯世界古代文明摇

111

胜利的喜悦

篮之一,此地战乱频生,也是世界经济最不发达国家之一。"眼见风来沙旋移,经年不省草木时。"肆虐的乌瘴笼罩着初到的凌风少年,只见远处黄沙遍地,天际风暴隐约携沙尘而来,少年们在这飞沙走石中前行,启程赶往作为国际重要通航海峡之一的曼德海峡。曼德海峡沟通印度洋和地中海,是亚欧非三大洲的海上交通要道,凌风少年一路来始终牢记"凌风精神",此时正是仿效当年横渡渤海的好时机!他们决定,以船舶竞速决一场胜负,行穿越红海,到达苏伊士运河的队伍会获得也门咖啡与宝石。少年们以勇气为航、坚毅为帆,朵朵浪花随劈波斩浪的利剑而奔腾,海面传来阵阵摇旗呐喊声,这似火的热烈之声正是凌海少年青春斗志的体现。

活动实况:凌风少年齐聚大学生活动中心,参与自制载人船舶竞速比赛,这也是中国航海日背景下的最后一个活动,这让凌风少年们都按捺不住心中的激动之情,想要一试身手。

专业老师介绍竞速比赛相关事宜

营员间商讨制作方法

首先,船舶与海洋工程学院的志愿者介绍了船舶浮性、船速与阻力的相关知识,让同学们对动手制作船舶有了一定的理论基础。随后,又讲解了制作船舶的注意事项,并带领同学们现场观看了两个船舶实物下水的视频。志愿者讲解过后,凌风少年已经迫不及待地开始制作自己的竞速船舶了。

在制作过程中,凌风少年们发挥了丰富的想象力,利用老师传授的专业知识,聚精会神地制作自己的竞速船舶。他们有的用锯齿和手工刀切割船体结构,有的用画笔和水彩在船体外侧绘制漂亮的图案。他们时而热烈地讨论,时而安静地动手雕琢,时而停下来请教老师如何克服海上风浪等问题。他们分工明确、有条不紊地推进着工作。

营员亲自动手制作船舶

凌风少年们在欢快而紧张的气氛中,感受团队合作的魅力,体验动手实践的乐趣。他们表示,对明天的自制载人船舶竞速比赛充满了期待,希望自己团队制作的船舶可以"乘风破浪,抵达远方的彼岸"。

随后,凌风少年们来到大连海事大学求生馆,在这里进行了激烈的自制船舶竞速比赛。首先,志愿者们向凌风少年们介绍了游戏规则,即每个连队每排按顺序上场,四个排同时竞速,绕过游泳池中若干障碍物到达指定位置,最后汇总时长最短者获胜。

凌风少年们勇往向前

第一回合,在裁判哨声响起后,四连一排一马当先,将其余队伍远远甩在身后,而二连一排的船舶由于下水就漏了未能起航。最终,四连一排的奚同学获得了第一回合的胜利。第二回合比赛,一连二排的司徒同学出师不利,驶出不久桨就断了,但他没有因此放弃,而是利索地将桨拆成两半,左右奋力向前划。最终司徒同学获得了第二回合的胜利,而其他三组均折戟沉沙。第三回合开始不久,四连三排黯然退场,其余三支队伍相互紧逼,不相上下,由于桨使不上力,二连三排刘同学的奔驰号改用"手动挡",马力异常迅猛,最先到达了终点。一连三排在航程中也渐渐掉队,反而是先前稍有落后的三连三排的田同学引起了大家的关注,他在绕过第三个障碍物时,船体已经严重漏水,并且后倾严重,但他凭着船舶的稳定性和自身强大的臂力,坚持划到了终点,那一刻全场凌风少年都为他欢呼喝彩。第四回合场面依然精彩,最终一连四排的赖同学以 4 分 29 秒的时长取得了最优异的成绩。比赛期间观众席上传来连绵不断的呐喊声,所有凌风少年都在为属于自己的荣誉加油鼓劲。

船舶准备下水   凌风少年合影

（七）"风涛万顷"：救援风浪中的孤舟——救助打捞实验

故事背景：走过许多国家，越过无尽海洋，一路并肩前行的凌风少年在历经重重磨难与挑战后，变得愈发坚毅与凝聚，任何困难在英勇团结的凌风少年面前都会被击垮。时值盛夏，阿拉伯海域常有强风巨浪。此时乌云浓密且沉寂，海浪敲打着船体，好像要合力把船吞噬一般，无情又残酷。就在此时，远处好多束刺眼的光射过来，凌风少年发现了一叶摇摇欲坠的孤舟，船上的人们用手电呼救，但船体的剧烈摇晃使手电发出来的光都跟随着船体忽明忽暗。善良的少年们立即前往船舶，用他们的力量抵御风浪，帮助人类。

应急心肺复苏的学习

活动实况：凌风少年来到救助打捞工程实验室学习救助打捞知识。在充满危险的大海上，凌风少年需要的不仅是勇往直前的勇气，还需要学会救援孤舟上的人们的技能。凌风少年被分为两组，分别进行规范穿着救生服和对落水人员进行应急心肺复苏的学习。

在规范穿着救生服现场，凌风少年认真聆听救助打捞志愿者的指导，学习规范穿着救生服的注意事项。在对落水人员进行应急心肺复苏的现场，首先由救助打捞志愿者为凌风少年讲解应急心肺复苏的步骤方法和需要注意的事项，凌风少年全神贯注地观看心肺复苏演示过程，细心谨慎地进行心肺复苏的模拟训练。

随后，凌风少年一起来到直升机救助体验现场，两位自告奋勇的营员成为被施

感受海上救助与打捞

救者,感受"真实"的海上救助与打捞,从水上救助到直升机运输,再到模拟心肺复苏,两位凌风少年沉着冷静,配合专业救助人员进行活动。

通过整个救助与打捞体验活动,凌风少年不仅学会了更加专业的救援技能,而且锤炼了永不放弃的意志品质,这将是指引他们前进的最好礼物。

(八)"同舟共济":解密风声中的讯息——莫尔斯码译识

故事背景:船舶即将行至波斯湾附近,温度尚可,远处海平面与天空遥遥化为一道湛蓝边际,海藻丰富的海水下,鱼类在洁白柔软的云朵衬映中欢快畅游。突然,少年们收到附近船只发出的莫尔斯求救信号,时急时缓,如泣如诉。凌风少年迅速解码,得知有渔船被海盗洗劫,少年们迅速获取船只具体信息,并紧急联络前方巴基斯坦救援队,共同救助渔民、打捞船体,以智慧机变之识,协助击退海盗,重还这片海域宁静与安全。疲惫的凌风少年并没有就此停歇,他们开始朝着下一个目的地进发。

活动实况:"同舟共济——解密风声中的讯息"莫尔斯码译识活动在生动有趣的故事情节中开始,"瀚海凌风"之旅也即将进入尾声。首先,信息科学技术学院志愿者为凌风少年讲述了莫尔斯码的基本原理和破译方法,为了破译被洗劫船舶发来的密码,凌风少年开动智慧的脑筋,共同协作攻克难关。

随后,凌风少年进行了连队间的对抗,在规定时间内破译密码,用时最少的连

信息科学技术学院老师介绍莫尔斯码

队将会获得相应的"丝路勋章"。他们聚精会神地围坐在莫尔斯码收发器旁，有的营员负责发送信息，有的营员负责接收信息，从而破解求救船发出的求救信息。凌风少年即使不用语言交流，也可以实现信息的互相传递，这就是默契的力量。

凌风少年们纷纷感叹于科技的神奇与人类的智慧，言语中表达出成功译识莫尔斯码的喜悦之情与成就之感，也对即将结束的"瀚海凌风"特色活动表达出了依依不舍之情。

凌风少年聚精会神地研究讨论

力行篇

—— 瀚海凌风，风扬云帆

"学到的东西，不能停留在书本上，不能只装在脑袋里，而应该落实到行动上，做到知行合一、以知促行、以行求知，正所谓'知者行之始，行者知之成'。每一项事业，不论大小，都是靠脚踏实地、一点一滴干出来的。"

——习近平在北京大学师生座谈会上的讲话（2018年）

"要坚持关心厚爱和严格要求相统一、尊重规律和积极引领相统一，教育引导青年正确认识世界，全面了解国情，把握时代大势。既要理解青年所思所想，为他们驰骋思想打开浩瀚天空，也要积极教育引导青年，推动他们脚踏实地走上大有作为的广阔舞台。"

——习近平在纪念五·四运动100周年大会上的讲话（2019年）

大风泱泱，大潮滂滂，不论是青年人还是过来人，都要面向实际、深入实践，都要严谨务实、苦干实干。青年工作，当抓住当下，传承根脉，面向未来。大连海事大学科学营多年来助力青少年科学科普工作，以优渥的科技资源，全面的软硬件设施和热情专业的志愿服务，搭建青少年立志筑梦的科学舞台，引导广大青少年热爱蓝色海洋，投身强国建设。历史的接力棒已经交到新时代青年手上。立鸿鹄志，做奋斗者，当实干家，这一代青年必将大有可为，也必将大有作为。

以知促行，优渥资源筑保障

1. 雄厚的航运知识教育资源及师资力量

大连海事大学科学营依托丰富的航运知识教育资源及雄厚的师资力量，连续多年开展爱国主义教育、海洋战略教育、百年海大校史展馆参观等极具海洋文化特色的一系列活动，通过名师大家对航海知识的阐述和我国海洋文化的研究，使营员深刻领会海洋文化的内涵。全国"时代楷模"曲建武教授，中国单人无动力帆船环球航海第一人、CCTV"感动中国"年度人物翟墨，亚丁湾护航船船长朱金善，"蛟龙"号副总设计师胡震，中国极地科考船"雪龙"号船长王建忠，中国电科首席专家及"最美科技工作者"蔚保国，第4位驾驶无动力帆船挑战环球航行的中国人高民，中国科学院杨学明院士、中国科学院沙国河院士以及大连海事大学诸多资深教授学者等名师大家，带领科学营的青少年朋友们领略海洋魅力，传承蓝色基因，担当海洋强国之重任，鼓励青少年努力学习科学知识，在海洋强国路上发挥自己的作用，实现"少年智则国智，少年强则国强"的伟大理想。

我校的发展史即是中国航运发展史的缩影，我校校史展馆在发挥航运教育方面有着独特的作用。海大校史展馆建筑面积3 000平方米，分为三层，展示内容包括续篇、关怀篇、历史篇、专题篇和未来篇，以图片、图表、实物为主，采用场景复原、模型、沙盘、展柜、展台、影视多媒体和声光电等形式，记载了百年校史和中华民族有识之士对民族高等航海教育事业的探索与追求，更展示了当代高等航海教育在党和政府的正确领导和关心支持下蓬勃发展、硕果累累的光辉历程。海大展馆全面梳理中国高等航海教育百年发展的脉络，挖掘航海教育文化的深厚内涵，凝聚思想传统与文化积淀，给一代又一代的学子以积极的影响和良好的熏陶。

2. 世界上最先进的专用远洋教学实习船

本次科学营活动利用我校校船，世界上最先进的专用远洋教学实习船之一"育鲲"轮开展船舶知识普及教育活动，深入机舱、参观驾驶台让营员在直观体验中了解船舶构造原理、认知船舶动力知识、感受海员工作。

　　"育鲲"轮是大连海事大学投资建造的我国首艘自行开发设计、引进关键设备的专用航海教学实习船,是目前世界上最先进的专用远洋教学实习船之一。该船的建造填补了我国航海高等学府无专用教学实习船的空白,在我国高等航海教育中具有里程碑式的意义。与世界同类教育实习船相比,该船专门针对航海类专业学生教学实习而进行设计,合理设置各类教学实习和科研场所,舱室标准较高,功能区域布局合理。

大连海事大学"育鲲"轮

3. 国家(省、部)级重点实验室

　　本次科学营活动组织参观国家(省、部)级重点实验室——航海模拟器、轮机立体机舱,通过模拟船舶驾驶、感受动力机舱让营员体验科技魅力,激发科创激情。

　　实验室是大连海事大学最具行业特色的实验与研究基地,实验室的运作遵循"模拟与控制相结合、航海与轮机相结合、科研与教学相结合、整体与局部相结合"的原则。实验室先后成功研制了具有国际先进水平的大型船舶操纵模拟器、基于虚拟现实技术(VR)的轮机模拟器、电子海图显示与信息系统、船舶运动控制海上实验平台、基于 PC 平台 CAVE 系统的集装箱装卸仿真系统、雷达模拟器、GMDSS 模拟器等。实验室具备了高品质航海模拟器和轮机模拟器研究开发及对高级船员进行大型船舶操纵特殊培训和承接包括船舶操纵方案试验、事故分析、航道与港口规划论证等重大工程论证的能力。

航海模拟器，即航海动态仿真与控制交通行业重点实验室，它是一个在航海、轮机、船舶电气系统的动态仿真和自动化、智能化领域进行系统性的高水平科学研究的大型、综合性实验室。轮机立体机舱，即船机修造工程交通运输行业重点实验室，1999 年被批准为交通部重点实验室。目前主要从事船机修造工程中的应用基础研究、关键技术创新和攻关，现以机械摩擦磨损与维修技术、等离子体表面改性技术、失效分析与检测技术以及海洋结构物腐蚀与防护技术等为主要研究方向。实验室在载运工具零部件失效分析、检测、表面改性及新材料应用等方面研究基础雄厚，一些研究处于国内领先地位，部分成果达到国际先进水平。

航海模拟器

4. 国际海事公约认证的训练基地

水上求生训练馆是大连海事大学最具行业特色的、国内一流的水上求生技能训练中心，是以航海类专业学生水上技能培训为主，覆盖多学科、多专业的综合性教学实训中心，是首批建设的符合国际海事公约的水上求生训练基地，每年承担大连各大高校、海事局等各大航运企事业单位的水上求生训练任务，主要面向本科生、继续教育专科生和普通船员等航海类专业学生开展训练。水上求生训练馆为全校师生提供蛙泳、仰泳以及自由泳技能训练、高台跳水训练、落水营救训练以及收放救生筏等多项求生技能训练项目。

在本次大连海事大学分营活动中，精彩的海上求生特技表演，激动人心的"刳木为舟"（自制载人船舶水上竞速）都是在水上求生训练馆开展的，场馆良好的卫生条件和先进的设备设施令营员们赞不绝口。

水上训练中心

5. 极具特色的半军事管理和海洋文化氛围

　　我校依托丰富的航海精神教育资源,结合半军事管理和航运特色,不仅设置了"营—连—排"的特色管理模式,还开展了诸如参观"育鲲"轮、参加升旗仪式等特色活动,这些活动直观地展示了海大学子坚定、严谨、勤奋、开拓的精神品质和学校科学航海、爱国为根的校园主体文化,让营员感悟航海精神的内涵,反映出了大连海事大学半军事管理特色,突出了航运的特色教学。

　　参观"育鲲"轮,让营员们进入驾驶台直观感受船舶驾驶,深入机舱认识船舶的构造和原理,全面地认识和了解船舶。这不仅让营员们领略到先进的航海科学技术,感受到大连海事大学浓郁的海洋文化氛围,也激发了他们热爱海洋的蓝色情怀。

升旗仪式是大连海事大学半军事管理的一面旗帜,展现了海大人坚强的意志品质和严谨的组织纪律意识。参加升旗仪式,使营员们在庄重而振奋的氛围中坚定理想信念,引导营员把自己的"科学梦"和伟大的"中国梦"相结合,树立崇高的科学理想。

以行求知，软硬兼备展关怀

1. 专用的就餐场地及洗浴场所

为方便营员们参加科学营的各项活动，学校专门协调了大学生活动中心附近的中心食堂。学校根据来自不同地区的同学的不同饮食习惯和就餐需求，积极协调学校后勤饮食服务中心，制定了营员饮食服务方案，精心设计准备了丰富多样、精美可口的营养自助餐供同学们选择。在筹备过程中，学校还认真地核实了营员的饮食需求和饮食文化，针对回族营员还特地准备了清真餐饮，对素食营员单独安排饮食；此外，还供给餐后水果和晚间食品等。

卫生便捷的就餐服务及舒适干净的洗浴环境

正值夏日，学校充分考虑地域差异造成的生活习惯上的特殊需求，专门为科学营的营员安排了大连海事大学最好的浴池，设立专门时段供营员们洗浴使用，同时还为营员们提供每人一份的洗浴用品，体现了主办单位服务的细致周到，让营员们感受家人般的关怀。

2. 舒适整洁的居住环境

大连海事大学为科学营活动积极协调，为营员提供了全校住宿条件最好的英华三公寓，学生 4 人/间，指导教师 2 人/间。为迎接来自全国各地的青少年朋友，我校后勤、基建部门对住宿区域进行了精心的布置和打扫，并将此区域预留为科学营专门住宿区域，保证为营员们提供整洁、舒适的居住环境。在女生的住宿区域，我们设立了提示和屏风，并有男、女两位老师全天 24 小时值班，以保障营员们生活的方便和安全。在保证住宿条件的基础之上，我们还创新营员宿舍的布置方案，将营员床上备品，比如床单、毛巾、毛巾被等统一布置成船员生活特有的风格；公寓内还开通了无线免费上网光纤服务，设有全自动热水器、自助式洗衣机等公共服务设施；公寓一层设有具备航海特色的小航海家的时空港湾、活动沙龙、志愿者之家、会务组办公室和医务室。在志愿者之家，志愿者可以开会、交流、总结每日工作；在会务组办公室，随队志愿者召开每日例会、指导教师定期碰头交流和安排部署任务。

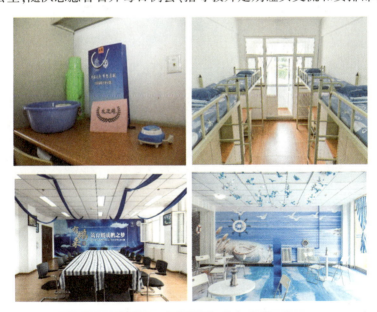

舒适整洁、风格独特的居住空间

3. 种类齐全的专业硬件设施

大学生活动中心是大连海事大学科学营开展各项活动的主要场地。该场所功能齐全、设施完备，内设多功能厅、会议中心、团学活动室、创新工作室、青年工作研讨室、社团工作室、广播台、琴房、排练室、陶艺教室等各种功能教室，是集科技创新、讲座报告、文体活动、素质拓展为一体的综合性多功能学生活动场所，为科学营活动的开展提供了良好的硬件条件；同时，学校充分运用特色优势资源，包括世界上最先进的专用远洋教学实习船之一"育鲲"轮、国家级重点实验室航海模拟器和水上求生训练馆等，这些都为开拓营员视野、激发营员热情等方面奠定了良好的基础。

大学生活动中心

4. 特色鲜明的"营—连—排"管理模式

科学营营员管理按大连海事大学半军事管理特色分为"营—连—排"进行管理，充分发挥学生的自我管理、自我服务、自我教育功能。科学营营长负责科学营营员日常学习和生活管理，统筹随队志愿者做好活动中各项具体工作。各连连长和排长通过民主选举产生，负责协调本连、排的日常管理工作。

为保证科学营各项活动的顺利开展，学校选拔了一批学习成绩优异、学生工作经验丰富的研究生和优秀本科生作为随队志愿者，负责营员们的日常生活。

随队志愿者与连、排营员们合影

5. 细致周到的安全保障措施

科学营按照计划设立安全应急小组，保障活动安全、顺利进行。安全应急小组制定一系列安全保障措施，召开安全教育宣讲会并下发安全手册，明确安全职责，强化安全意识。小组还制定各项应急预案，做好突发事件的解决，随队志愿者直接跟踪各项安全保障措施的落实。

学校为科学营活动安排了最高标准的出行旅游大巴，校区之间的活动协调交警保证交通安全，在往返主校区和凌海校区、东山校区和西山校区之间的活动全部使用大巴接送，保证营员们出行的交通安全。

校园安全保障巡视设备

全面的安全保障

医务室全天 24 小时有医生值班，并配有 24 小时待命的应急出行车辆，与此同时，我们还制定了大连海事大学科学营应急预案和安全领导小组，确保活动的顺利进行。

知行合一，志愿情怀笃奉献

（一）志愿者配备情况

志愿者一直以来都是为科学营活动保驾护航的一线队伍。每年自发布科学营通知，到选拔招募结束，学校通过自愿报名、学院推荐等诸多形式，选拔招募 200 余名志愿者。

大连海事大学分营志愿者团队由我校优秀学生组成。志愿者团队成员中，在读研究生以及保送研究生的本科生占 90%以上，中共党员占 90%以上，并吸纳该校历届研究生支教团成员。志愿者均拥有大型志愿服务经历，如夏季达沃斯、全运会、大运会等志愿服务活动等，同时志愿者团队具有强烈的责任感和高效的执行力，他们有现任指导员助理、团学组织骨干、学院中队干部、校十佳大学生等，均为我校优秀学子的代表，可以说这是一支高学历、高政治素养的社会公益服务的青年队伍，学校也希望通过榜样的力量去感染营员们。

大连海事大学分营志愿服务组致力于构建全面、系统的志愿者培训体系。为保证科学营志愿者熟悉各项活动的工作流程，学校组织各服务岗位的志愿者按照集中培训、专项活动培训、模拟培训、宣传工作培训等方面为志愿者团队进行多次培训，并邀请往年大连海事大学分营的志愿者开展经验交流会，引导志愿者熟悉工作内容、提升服务水平，以最好的精神面貌迎接营员的到来。为对志愿者进行规范化管理，学校集中进行志愿者守则培训，不仅为其配备志愿者胸卡，还为每一名营员配备所在排的随队志愿者信息。此外，还拍摄志愿者视频，为全体营员提供最贴心的服务。

志愿者按照不同服务项目共分为 6 组，志愿者分工明确、精诚合作，为活动的顺利实施提供了坚实的保障。

为了让营员们感受我校学生管理中的半军事管理特色，大连海事大学分营以排、连、营为组织编制。科学营每排设随队志愿者 1 名，每连设连队联络员 1 名，大连海事大学分营设营长1名、副营长1名,为营员提供志愿服务。

各类志愿者的具体工作任务如下:

随队志愿者:

(1)全程与营员及带队教师保持密切沟通,及时将信息上传下达;

(2)协助我校老师及带队教师开展科学营工作,确保营员的人身安全;

(3)全程陪同营员参加活动,对营员提供力所能及的帮助;

(4)告知营员内务及作息时间要求,负责每日的点名、签到工作;

(5)告知营员每日的活动安排,负责带队与组织;

(6)参与开(闭)营仪式的筹备以及其他活动的现场支持工作;

(7)与接待组一起进行接待工作;

(8)关注营员的思想状态及身体状况,收集营员的反馈、总结和日记等;

(9)确保营员在科学营期间的正常生活,保证他们能用最好的状态接受知识;

(10)协助营员在科学营期间了解并学会更多的航海文化知识。

活动执行组志愿者:

(1)协助策划开(闭)营仪式;

(2)负责各项活动的场地布置;

(3)负责各项活动的物品筹备工作;

(4)负责各项活动的人员联络事务;

(5)参与活动及比赛的组织协调;

(6)参与处理活动现场的突发状况。

宣传采编组志愿者:

(1)营员驻地及校内的氛围营造;

(2)营员证、工作证等的设计和制作;

(3)报到证等相关材料的准备;

(4)每日工作简报的编写和制作;

(5)活动情况追踪,负责现场摄像、照相及采访;

(6)新闻采编与报道;

(7)官方网站、微博、微信平台等新媒体的运营。

后勤保障组志愿者:

(1)餐饮住宿等的相关安排;

(2)营员服装、志愿者服装等物资的制作与发放;

（3）准备必需物品，保证物资供应；

（4）随营医疗的协调保障；

（5）营区安全和卫生状况的检查监督；

（6）保证营员驻地的安全；

（7）车辆的调度及使用，保证营员行动便捷。

讲解志愿者：

（1）校内及校史展馆的讲解工作；

（2）世界上最先进的专用远洋教学实习船"育鲲"轮的讲解工作；

（3）大连现代博物馆的讲解工作；

（4）各项实践活动的讲解工作。

接待组志愿者：

（1）接待营员及随行教师，负责相关事宜咨询；

（2）科学营期间营员住宿安排；

（3）报到注册及离营的相关事宜；

（4）接送站工作。

（二）志愿者风采展示

青少年高校科学营大连海事大学分营正式拉开帷幕，经过前期紧张、有序、周到、细致的准备后，志愿者们以饱满的热情期待着营员们的到来。

当来自黑龙江省双鸭山市第三十三中学的第一批营员顺利抵达大连火车站时，高举接站牌的志愿者早已在此等待着弟弟妹妹们的到来，希望在第一时间给予营员们家的温暖。

忙碌的一天静谧下来，营员们渐渐进入甜美的梦乡。此时，志愿者们仍在为科学营工作的顺利开展辛勤工作着。随队志愿者们和活动志愿者们聚在一起商讨确认明天的日程安排以及相关注意事项；宣传报道志愿者们熬夜整理着一天的素材，用图文记录着营员们的精彩瞬间；后勤保障志愿者们在为明天提供更加细致周到的服务精心准备着。哪怕前方再苦再累，志愿者们都会努力为营员们提供最好的服务；哪怕前方再难再险，志愿者们也会积极为科学营的工作奉献青春的力量！

志愿者迎接营员们的到来

展现海大学子风采，助力育鲲成鹏之梦
——记大连海事大学分营随队志愿者

为了保障2019年青少年高校科学营"有鹏来——筑育鲲成鹏之梦"大连海事大学分营活动的顺利展开，大连海事大学分营的志愿者们早已投身于志愿工作第一线。

作为在最前线奋斗的随队志愿者们，他们身负重任，要亲自准备每一位营员和老师的生活用品，要提前将各位营员的信息熟记在心，要陪伴营员们参加每一项活动，并通过微信和QQ等方式时刻解答疑问，这一切只是为了给营员们提供最贴心、最周到的服务。

志愿者带领营员们制作绳结　　　　　　　志愿者向营员们分享图书

深夜，英华三公寓的走廊里依然穿梭着随队志愿者们的身影，他们贴心地为营员们发放消夜，关心营员们是否适应住宿环境，询问营员们的需求等。宁录前、马思达等随队志愿者带领最后一批营员们到达营员中心时已是凌晨时分，他们立即以最快的速度安排营员和带队老师们入住。为了更好地开展后续的活动，他们早晨五点多就起床着手准备工作。随队志愿者们所有的付出和努力都只为让营员们和带队老师们感受到海大学子的热情与真诚。

营员们在美丽的渤海之畔、黄海之滨种下梦想的种子,他们拥抱蓝色海洋、放飞青春梦想的同时,有众多随队志愿者在为其保驾护航,他们用充沛的精力、敏捷的思维、足够的耐心助力营员们立鲲鹏志、练真本领、做实干家。

记录美好时刻，弘扬海大精神
——记大连海事大学科学营分营宣传报道志愿者

在活动现场，摄影组的志愿者们用手中的相机记录着营员们每一个精彩的瞬间。为了捕捉营员们的美好时刻，志愿者们努力寻找各种拍摄角度，为大家呈现出一幅幅最美的画面。日后，当我们再次翻阅照片时，这一切美好的回忆都仿佛依旧在我们面前。摄影志愿者们经常需要在有限的时间内奔波于不同的活动现场，尽可能完整地呈现所有活动的细节。即使天气炎热，即使早已汗流浃背，但他们只要看到照片里营员们幸福的笑脸，也就忘却了那份疲惫，他们所经历的劳累与辛苦全都浸透在这一张张美好的照片之中。

在活动现场的角落里，总能看到埋头记录的身影，录音笔、本子和笔是他们的最佳拍档，他们就是宣传报道组的文字志愿者。每一场活动过后，文字志愿者都要在第一时间对活动进行脉络梳理、文字编辑和整理稿件。深夜时分，他们还要对一天的活动进行总结，将照片和文字完美地结合在一起。他们通常会因为一段话、一个词或一个标点而斟酌良久，力求报道的真实性和准确性，只为把最美好的文字呈现给大家。也许他们的名字不为人知，但他们笔下的文字却深深地印在每一位营员的心中。

在微信公众号平台，我们每天都会准时看到最新一期的简报。而为此默默付出的，正是我们的平台编辑志愿者。宣传志愿者们为了给大家呈现最新的内容，他们时刻守在电脑前，上传活动照片、进行文字排版、推送精彩文章。他们始终坚守在自己的工作岗位上，默默地为科学营的宣传工作奋斗着。

宣传报道组的志愿者们齐心协力、一丝不苟、默默付出，弘扬了海大精神，成为科学营志愿者中一道亮丽的风景线！

投之以奉献 报之以感谢
——记大连海事大学科学营分营活动志愿者

每一次活动的顺利开展,都离不开科学营活动志愿者的全力以赴。当营员们尽情享受活动盛宴的同时,活动志愿者们却不敢松懈,他们时刻关注着活动的进展情况,同时也是保障营员们安全的主力军。

在每次活动开始前,活动志愿者们都要提前布置好活动现场,还要充分了解并掌握活动流程及操作方法,全面考虑营员们在活动过程中可能会出现的各种情况,并提前做好相应的准备。此外,在营员们入场之前,活动志愿者们都会认真清理场地、仔细检查仪器设施性能及消防设备,消除安全隐患,并随时提醒营员们注意安全。

科技嘉年华活动在室外要持续三个小时之久,在一旁默默守护的活动志愿者们,他们要时刻观察着活动的进展,稍有问题,便立即前来询问并解决。在航海模拟器操纵过程中,营员们会切身感受到翻涌的风浪和摇晃的船舶,身临其境的真实感可能会让营员们身体不适,因此,活动志愿者就要高度关注每一位营员的表现,确保活动的顺利进行和保障每一位营员的安全。

在整个科学营过程中,活动志愿者不仅为营员们提供细致入微的服务,更为他们筑起一道安全屏障。是他们,布置好了每一次的活动场地;是他们,一遍又一遍地检查仪器设备;是他们,不知疲惫地穿梭在不同的活动现场。活动志愿者们的无私奉献,让营员们充分感受到了和谐温暖的海大氛围,在他们知德明礼的成长道路上渲染了鲜亮的底色。

志愿奉献，细微之至
——记大连海事大学科学营分营筹备志愿者

奉献，是用爱心铸成的一道彩虹，带给人们温馨与快乐。在营员们中心，有这样一些志愿者，他们热情无私、真诚善良，认真为营员们筹备日常生活事宜，奋力地搬运着一箱箱生活用品，这些忙碌的身影便是筹备组的志愿者们，他们是科学营的幕后英雄。

筹备志愿者们很早便开始为营员们的到来做准备工作，他们全方位考虑营员们的餐饮、住宿、服装、医疗、交通等多方面事宜，每个方面都做了充足的准备，从而可以为营员们提供安全舒适的科学营环境。在就餐时间，筹备组志愿者坚守岗位，负责营员们的就餐事宜，保证营员们依次有序用餐。在住宿方面，筹备志愿者们为营员们安排了舒适整洁的休息条件，并发放日常生活用品。不仅为营员们在宿舍区安排了医务室，而且在每次活动当中也会时刻跟随医务人员，只为给营员们提供最温暖的服务和最安心的保障。在营员们参加活动时，筹备组志愿者作为机动队员全程陪同，虽然辛苦，但大家依旧不辞辛劳、兢兢业业地为此奉献。

成功活动的背后是志愿者们的默默付出，感谢志愿者们牺牲自己的时间坚守岗位，感谢志愿者们在疲惫时依然保持微笑，感谢志愿者们为科学营细致入微的真诚奉献。筹备志愿者们细致、热情、真诚、无私，始终为科学营活动的顺利开展保驾护航！

扬帆未来，鸿鹄之志再起航

乘风破浪，继往开来
——浅谈 2019 青少年高校科学营
大连海事大学科学营分营
雎世洲　扬州市新华中学

　　今天，我们正式走进了素有"航海家的摇篮"之称，中国著名的高等航海学府——大连海事大学，走进了心目中向往已久的 2019 青少年高校科学营大连海事大学分营，满足了自己心目中那份对航海、对蓝色基因的强烈渴望，开启了"有鹏来——扬帆海上丝绸之路"科学营之旅。

　　让我言犹在耳、印象深刻的是大连海事大学副校长刘正江教授的介绍，通过其深入细致的讲解，我们知道，海大之所以举世瞩目，之所以生生不息，不仅因为有专业的学术资源，还集中了一批专业理论深厚、科研能力较强的知名专家，教授和学术思想活跃、富有创新精神的青年骨干；不仅有过硬的硬件设备、科学合理的教导方式，更重要的是，一代代海大精英们对中国梦海洋强国之路的不懈追求。

　　本届夏令营的主题是"有鹏来——扬帆海上丝绸之路"，既继承了海大 6 年航海的科学营精神，也传承了古丝绸之路合作共赢的时代内涵。正如刘校长所言，新时代青年要继承海大孜孜不倦、勇于攀登的进取精神，激活蕴含的蓝色基因，努力学习、艰苦奋斗。

　　校方在此次励志视频《有鹏来》中，道尽丝路的前世今生。志合者，不以山海为远，万里海波，千里丝路，而中外友谊却似长江之水，奔流不尽。而现在，丝绸之路的价值早已不在运输物资这一点上，而是跨越了世界的方方面面。2013 年，一声惊雷响彻东方大地，丝绸之路经济带由此诞生。21 世纪，一个利益、命运、责任愈发休戚相关的时代，丝绸之路愈发弥足珍贵。

一个人，一张帆，向西方出发，从东方归来，他，就是无动力帆船冠军——翟墨。今天这位伟大的航海家亲临海大现场，为我们讲述他的传奇故事。通过其亲自讲授，我们了解到青年时代的翟墨只是一位画家，他与大海的结缘，只因一次普通的画展。那次，他亲眼领略了大海的美丽，并深深地为此着迷，他随即购买船只，组建船队并开始全球航行，在经历了海盗、风暴、缺水、故障的考验后，历时两年半，翟墨终于成为"两千年来重走丝路的第一人"。

其实我们知道，一路上，翟墨的成功也离不开祖国和集体的力量。如果没有亚丁湾官兵无私的护航，翟墨一行能否化险为夷，未尝可知；如果没有华人协会的无私帮助，异国他乡的翟墨能否安然度过一个个他乡夜，也是个未知数。翟墨的成功，不仅是一个人的奇迹，也是一个国家的奇迹，更是一个民族的奇迹。

翟墨的环球航行，让我想起一句名言，即使只有百分之一的希望，也要付出百分之百的努力。每一个不曾起舞的日子，都是对生命的辜负。一代人有一代人的使命，一代人有一代人的担当，新时代的青年或许不再需要抛头颅、洒热血，但我们要在自己的岗位与自己的领域勇立潮头、建功立业。对于未来，我们愿倒在追梦的路上。

下午，真正的夏令营活动正式开始，同学们在海大现代化的操场上，在老师和志愿者们的带领下，我们来到了大气恢宏的西山校区体育馆参加破冰活动，而后学习制作"水手结"。

破冰活动中一些具有挑战性的小游戏既是对个人身心的考验，也是对团队意识、团队凝聚力的重要检验。不一会儿，操场上的同学们便满脸通红、大汗淋漓。实际上，虽然几乎没有人能一次成功，但是没有人放弃，每一个集体都在坚持。本次综合活动，锤炼了我们这一个个初生的集体。今天，我们虽累，无论胜负，犹荣。

水手结的制作更可以看出这个虽然成立才仅仅一天的集体的凝聚力，同学们互相帮助，赛出友谊，赛出特色，更赛出了这次夏令营的核心精神。两个团队运动团结了每一位营员，事虽小，意深远。

期待未来科学营的日子的同时也希望能和来自祖国各地的同学们相互学习，共同进步。学有所成，学有所用。不负自己，不负青春。

九万里风鹏正举——记营员生日

苟想　四川省德阳中学

　　夜悄无声息地袭来,将海大校园轻轻地拥在怀里。随着汇报表演彩排结束,学姐学长们带着我们来到运动场。我正疑惑不是该回宿舍么,却不知惊喜即将发生。大家围圈列坐后,学长学姐们告诉大家:"今天我们中有一位同学过生日,我们一起来为这位同学庆祝生日吧!苟想同学,上来吧!"惊喜之余我便被推上了台,大家齐唱生日歌。

　　我站在圆中央,一时不知所措。我环视四周,大家打开手机的手电筒随着生日歌挥舞着,还有的打出了字幕"祝苟想同学生日快乐"并滚动播放。突如其来的惊喜让我感到不知所措,但更多的是感动与高兴。长这么大,这还是我第一次没有在家乡过生日。我强忍住感动的泪水不停地向大家道谢,接着大家用各自的家乡话祝福我。

在绿茵场上唱生日歌

　　来自香港特别行政区的青年朋友们用粤语祝福,虽然听不懂粤语,但其中的热情是不言而喻的。还有一些来自天津市的青年朋友，用天津话祝福……大家围坐在操场上，弹着吉他，唱着 Rap，歌声在绿茵场上回荡。这是我最难忘的一个生日，即使远离家乡，来自四面八方的伙伴和亦师亦友的志愿者学长学姐将会在我的记忆中永不褪色。交好四方，广交新友。无论我们来自哪里，我们都可以成为朋友，互帮互助，让我们的团队更加团结。九万里风鹏正举！让我们小小航海家们，迎着朝霞，顺着和风，展翅翱翔！

捕能捉源——探索纳米世界

陈锦扬　扬州市新华中学

　　苍翠的绿色如潮水般蔓延至远方丛立的高楼。能源科学营的第二天,还是沿着这条熟悉的路线,我们再次来到 DICP 中国科学院大连化学物理研究所。昨天我们在大连化学物理研究所博士老师深入浅出的"说能解源"科普教育下,初步了解了能源现状和能源专题各领域的入门知识,我们对科学实验的热情如同"星星之火可以燎原",愈烧愈热烈,越燃越旺盛。今天我们迫不及待地来到催化基础国家重点实验室,正式开始我们的实验之旅!

　　一抵达催化实验室就发现塔娜博士早已在大门口等候迎接我们。电子显微镜是一种极其精密的仪器,成像结果很容易受到外界影响,所以每一步的操作都必须谨慎又小心。但塔娜博士鼓励我们自己体验每一步,从第一步——固定观察物开始,心灵手巧的同学就自告奋勇地将所需的"金-氧化锌"纳米材料放入显微镜的载物杆中。经了解,实验室里的仪器都非常昂贵,比如这一根细杠杆造价也要十几万,由于器材十分昂贵,我们都很忐忑。导师担心我们观察同一个样本会缺乏新意,也为了样本对比,我们将两种观察材料同时放在载物台两侧。

　　完成观察样本的装配后我们在魏绪明老师的带领下学习操作扫描电子显微镜 SEM 来观察金-氧化锌样本。一开始我们都很拘谨,毕竟都是第一次见识到这么先进、精密的仪器,因此怀着一颗沉甸甸的敬畏之心。然而,魏老师却积极鼓励我们勇敢尝试自己进行操作。我们逐渐不再胆怯,而是小心翼翼地探索着奇幻的微观世界。当我们终于拍出清晰的样本时内心无比幸福!

　　下午,我们学习操作透射电子显微镜 TEM 和 STEM 两种模式,终于与高大上的"600 百万显微镜"F200 零距离接触,我们心潮澎湃。虽然操作不易,但在塔娜博士的耐心答疑下,我们逐渐上手。上午,实验的成功带给我们满满的信心。透射电子显微镜抽真空的时间越长,实验效果越好,因此我们到达时,导师已经将材料放入并已抽好真空。

　　这台显微镜 F200 要大得多,放大倍数也更大,与上午的显微镜不在同一个数量级。但与此同时,维护所付出的也更多。由于其精度之高,实验室内必须保持严

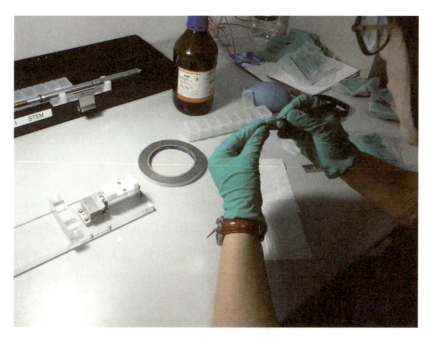

体验制作观察样本的装配

格标准的温度和湿度,有的显微模式还对亮度有要求,整个实验室设置了电磁屏蔽,通信设备无法接收到信号;由于其放大倍数之大,只要有一点点振动就会对图像的拍摄产生影响,因此不仅在拍摄时要屏住呼吸,实验室的地基也和周围建筑独立开来,单独用水泥浇筑。整个实验室的维护费用极其昂贵,只为其结果极度精准。为了得到一份精确的实验结果,整个实验所的设计都无比严密。

与 SEM 不同的是,TEM 通过电子能透射整块样本,看清表面、内部和底部的细节。我们小组的每个人都亲自操作了显微镜 F200,分别用 600 K 和 2.5 M 的放大倍数又观察了"金-氧化锌"纳米材料,都得到了各自的图片,直观且主观地体验了600 万透射电子显微镜带来的微观世界的视觉震撼!

虽然实验室的各种仪器都非常先进和精密,但是从塔娜博士口中,我们了解到,这些仪器几乎没有国产的,都来自欧美国家和日本,而且进口的费用都极其昂贵。她的这番话,让我们都下定决心一定要不断丰富和更新自己的知识,为祖国科技兴国、人才强国的战略贡献自己的力量!

在实验的间歇中,我们向塔娜博士了解到物化所科研人员工作的辛苦、勤勉和对科研的热爱。比如我们组的塔娜博士,每天在封闭、与外界信号隔绝的一间单独且昏暗的实验室里捕捉样本信息,由于显微的敏感,拍摄样本对光线强度有严格的要求,整间操作室除了仪器仪表盘有微弱的亮光,其余都是黑暗的,这种情况对眼睛的伤害特别大,导师也因此带上了厚重的镜片。

物化所的科研人员们基本上是全年无休的,只有暑期有一周时间的"高温假",而站在科技创新前线的老师们更是将科研当成了自己生活的一部分,他们把自己全部的身心精力都投入了科学研究中。催化基础重点实验室的第一任掌门人李灿院士全年都在专注科研,把实验室当成了自己的家。无论何时,他们总是奋斗在科技创新的第一线。他们是真正地热爱科学,将科学融入了自己的生命,或者说将自己的生命全部贡献给了科学研究。

大连化学物理研究所(DICP)正好分别对应了"勤勉"(diligence)、"创新"(innovation)、"合作"(collaboration)、"坚持"(persistence)四个词语。科技实力系于国运。中国青年是有伟大创造力的青年,我们一定要树立远大理想抱负,肩负起时代使命,砥砺奋斗、开拓创新,把最美好的青春献给祖国,谱写一曲又一曲壮丽的青春之歌!

与大连化学物理研究所的老师合影留念

乘风破浪,未来可期——营员日记(一)

瞿依琳　朱家角中学

　　今天已经是科学营的第四天了,科学营活动也逐渐步入尾声。虽然我心中有些不舍,但我知道这只是一个开始,后面会有更加广阔的天地在等待着我们。

　　今天上午的海图绘制就困难重重。一张粤港澳大湾区局部海图平摊在我的桌面上,它看似简单,像是普通的地图,但实际上它所表达的东西也很多。即使我一边看着直播,一边对我的海图爱不释手,依旧没有跟上老师的节奏。在老师耐心细致的指导下,我对于海图的绘制还是有些茫然。但我会在课后通过回放,再一遍又一遍地去做尝试,将老师所讲的理论付诸实践。随后的荧光实验我也有一点懵。虽然老师们在叙述实验原理与过程时非常详尽,尽力让我们能够理解这些实验的实质和可以起到的作用,但是我着实在理科方面有些薄弱。当视频中的实验人员提到这个试剂是他们自主研发的时候,脸上的自豪与骄傲让我十分动容。因为他们对科学的不断探索,克服种种困难,为祖国的强大奉献了他们最诚挚的热血。我们以他们为骄傲,祖国也为他们自豪。我们应该学习那种探索精神,从而使我们的祖国越来越强大,越来越繁荣昌盛。下午的陶艺制作也十分生动有趣,老师先向我们简单地讲解了一下陶艺的历史,然后再向我们表述陶泥的一些特点,这有利于我们更加理解和制作陶艺艺术品。

　　就像华罗庚所说的,“难”也是如此,面对悬崖峭壁,一百年也看不出一条缝来,但用斧凿,却可以不断积累,飞跃必来,突破随之。谁的成功都不是一蹴而就的,成功的背后是你看不见的汗水与努力。

乘风破浪,未来可期——营员日记(二)

何洞含　长春市第一五零中学

李大钊说:"航海远行的人,必先定个目的地,中途的指针,总是指着这个方向走,否则恐怕永无达到的日子。"

早在公元 13 世纪,我国航海已经开始运用海图,海图对于航海来说意义重大,它指引着航行的方向,一条细细的航线,连接着出发点和目的地,承载着无数航海人的故事,上面的每一个岸形、岛屿、礁石、浅滩、沉船、水深、底质和水流等资料都是经过精心研究的,稍不注意就会导致事故。今天我们了解到了海图的基本内容以及如何绘制海图,第一次接触海图的我听得并不是很明白,尤其是绘制航线那部分。每个航海人都会看海图,虽然我现在不是很明白,但我相信世上无难事,只要肯攀登!

显微镜下本来是没有颜色的,但荧光材料点亮了细胞,让微观世界呈现出五彩斑斓的色彩。深沉的蓝色、热烈的红色、诡异的绿色……荧光染料让我们看清了溶酶体、叶绿体,还有"老板"细胞核。我认为,科学并不只是冷冰冰的实验和结论,看着鲜红跳动的心脏,感受生命的律动。每到化物所的活动,大家总是充满着热情,仿佛有问不完的问题,陶行知说:"创造始于问题,有了问题才会思考,有了思考,才有解决问题的方法,才有找到独立思路的可能。"孔子云:"三人行,必有我师。"善于思考,敢于问问题是每个"瀚海少年"必备的品质。

在科学的入口处,必须提出这样的要求:"这里必须根绝一切犹豫;这里任何怯懦都无济于事。"科学的永恒性就在于坚持不懈地寻求之中,科学就其容量而言,是不枯竭的,就其目标而言,是永远不可企及的。科学也需要创造,需要幻想,有幻想才能打破传统的束缚,才能发展科学。

这次科学营活动让我受益良多,希望我以后可以乘长风,破万里浪,挂云帆,济沧海,为祖国做出我的贡献。

乘风破浪,未来可期——营员日记(三)

徐嘉诚　纳雍县第一中学

今天是在科学营的第三天。

刚开始老师就用五位伟人的事迹唤起了我们潜藏在心里的爱国情怀。后来用几位学姐学长的事迹给我们带来了一幅幅美丽的图画,他们与海大的感情很深厚,可以看得出来他们把海大当作了自己的第二个家。就算隔着屏幕也可以感受到他们所流露出来的真挚感情,在海大,他们见过了以前所没见过的,经历了以前所没经历过的,到了以前没到过的地方,接触了以前没接触过的领域和事物。有受伤过、有爱过、有恨过。听他们的描述,我仿佛身临其境,好似是我在读大学。他们教会了我们很多,教师是个很常见又很特殊的职业,他们把自己的热情都奉献给了教育,他们是值得我们的尊敬的,向教师致敬!

后来我们了解了电子显微镜的使用方法,那里有很多以前没有见过的机器和装置,应该都是现代运用的良好设备,虽然没能亲自参观是很可惜的,但是能以这种方式看见就很好了,希望到了大学后还能有机会看到,所以我要好好努力考上一所好学校。

下午的时候我们进行了有趣的活动。指尖穿梭,手中幻化瀚海情的水手绳结的制作,刚开始我还很瞧不起书包里的小白绳,但是直到参加了这个活动我才知道它的作用以及水手结的奥妙与实用。在这个活动中,我跟着视频学了几种绳结并且现在仍然记得,因为绳结的美观和小巧让我爱不释手,我们学了水手结、单结、平结,还有结中之王等。虽然不是全都记住了,但是应该会给我日后的生活带来很多方便,我还拍了照给志愿者哥哥姐姐们看,希望他们能看到我们的喜悦和收获。

最后一个活动我们了解到了天文知识,里面有很多内容虽然有过接触,但是却没有这次所学的生动,因为这次内容里面夹杂了很多图片和动画,能让我更直观地看到太空的景象,激发了我对天文的兴趣,希望有一天能够参加关于天文的活动!

乘风破浪,未来可期——营员日记(四)

何润宇　江西安远一中

今天,大连海事大学分营活动如期进行,这次的活动更为新奇且别致,在与各位学长学姐和教授们的互动交流中,令我受益匪浅。

上午第一场便是别开生面的朋辈互动交流,在五位大连海事大学学长学姐的娓娓道来中开始了我们的学习,他们当中,有本科的在读学员,也有考入清华的研究生,既有来自人文社科学院的人文艺术英才,也有就读轮机工程选择科研之路的理科俊才。他们是学霸,更是与我们一样走在逐梦路上奋发前进的学习者、成长者,是平凡而绝不平庸的青年一代。他们侃侃而谈,陈述着各自不同的学习生活经历和成长的心路历程,为我们分享了宝贵的大学学习经验。他们也经历过各种低谷和失败,捱过军训的伤病、学习任务紧张而夜不能寐的痛苦、研究工作任务的艰苦。但他们都顽强地挺了过来,并将从中获得的进步化为成就自我的垫脚石。这样积极向上的年轻朝气和锲而不舍的学习精神不正是高中阶段的我们应该学习的吗?

在接下来的电镜实验中,化物所的教授带领我们领略了先进的电镜仪器并授予我们其中蕴含的知识和原理,这是真正将我们高中所学的物理化学基础知识实际运用在科研上的案例,其意义不言而喻,我们亦由此有幸观察了奥妙无穷的微观世界。下午我们则学习了水手绳结的制作,锻炼了我们的动手能力。指尖穿梭瀚海之情后,我们放眼穹苍之上,神游太清,涉足天文世界的玉墀,了解了六分仪观星辨位。

在教授的带领下,我们溯光而上,一瞥往返大千,跨越天球的经纬,飘然行于十二宫之间,缘黄道而散步。各个星座罗列于冷峻的深空,暗耀明灭,横贯北斗的辉煌,迤逦而下。"冥昭瞢暗,谁能极之?冯翼惟象,何以识之?"早在千年前,屈原便向上天发问,这问题直指宇宙,问出了千年来我们祖先对宇宙无尽的幻想。而今天,我们用自己的科技到达了那前人苦苦追寻的神秘之境,亲眼探索广袤的宇宙和更广袤的未知世界。且利用观测星象,将其比前人更有效地为航海、生产等实践服务。科学营的活动是如此有趣而充实,我亦从中学到了不少知识且切身领悟了伟大的科学精神。我对明天的活动充满期待!